RUN

RUN

본업도 있고, 부캐도 있고

나의 첫 사이드 프로젝트®

본업도 있고, 부캐도 있고

나의 첫 사이드 프로젝트®

SIDE PROJECT

최재원 지음 · 김현주 그림

SIDE PROJECT

사이드 프로젝트의
세계에 오신 것을 환영합니다.
이 책은
반복되는 일상에
영감과 활력이 필요한 분,
회사가 아닌 나만의 일을 찾고 있는 분,
좋아하는 건 너무 많은데
늘 흐지부지되어 고민인 분
을 위한
새로운 라이프 스타일 안내서입니다.

WELCOME

현실에 양보하고 미뤄두었던 꿈이 있나요?

되고 싶었던 내가 있나요?

사이드 프로젝트가

당신 안의 또 다른 모습을 꺼내줄 거예요.

준비되었으면

시작 버튼을 클릭하고

지금 도전하세요.

당신의 부캐로 사이드 프로젝트에

접속하시겠습니까?

PRESS START?

START BACK

PROLOGUE

세상에는 '사기캐'가 왜 이리 많을까요? 신기할 따름입니다. 본업도 멋진데 또 언제 시간이 나는지 본업 외의 활동도 활발하죠. 우리는 그들에게 '좋아요'를 누르고 영감도 얻습니다. '언젠가 나도 저렇게 해야지!' 생각하죠. 그런데 한편으로는 공허합니다. 점점 내가 작아지는 것 같은 기분도 들고요. 하지만 좌절하기엔 아직 일러요. 사실 사기캐의 비밀을 저는 알고 있거든요. 바로 '사이드 프로젝트'입니다.

몇 년간 저에게 일어난 대부분의 큰 사건은 어떤 것을 본업으로 하지 않음으로써 오히려 잘된 마법 같은 것들이었어요. 이 마법을 '사이드 프로젝트'라고 불러요. 우리에겐 사이드 프로젝트가 필요합니다. 무언가를 얻기 위해선 내 인생을 전부 던져야 한다고 믿는다면, 그래서 한 걸음 한 걸음이 너무 힘들다면, 주어진 대로 흐르는 대로만 살아가고 있다면, 제 이야기를 들어주세요. 본업 외의 다른 세상은 꿈도 꾸지 못했던 삶에 새로운 기회를 전하는 이야기랍니다.

이 책에서는 귀하게 발견한 내 안의 또 다른 모습과 가치를 실제 브랜드로 키워볼 수 있는 구체적인 방법들을 제가 실제 겪고 시도했던 것을 바탕으로 소개하고자 합니다. 이 과정을 마치 게임 속 캐릭터를 키워나가는 것처럼 구성했어요. 내 안의 부캐를 소환하여 사이드 프로젝트를 시작하는 것은 게임을 하듯 즐거울 거예요.

사이드 프로젝트가 무엇인지부터 어떻게 시작하고 성공할 수 있는지 배워가는 다섯 가지 스테이지를 잘 수행하여 나만의 부캐를 만들어보세요. 각 스테이지마다 퀘스트를 깨고 레벨업을 하며 '퍼스널 브랜딩'과 '비즈니스'의 영역까지 넘어가보겠습니다. 마지막 스테이지를 향해 갈수록 처음엔 낯설었던 부캐가 어느새 지친 일상에 활력을 불어넣어 주는 고마운 존재이자 새로운 기회로 다가오게 될 겁니다.

사이드 프로젝트를 잘 활용해서 삶을 매력적으로 가꿔가고 있는 밀레니얼 사이드 프로젝터들도 만나 인터뷰했어요. 그동안 궁금했던 사이드 프로젝트 〈찬빈네집〉, 〈두낫띵클럽〉, 〈널 위한 문화예술〉의 비하인드 스토리와 부캐 만들기 노하우에 대한 대화를 담았습니다. 좋아하는 일을 하고는 싶지만 막막했던 분들에게 든든한 힌트가 되었으면 좋겠습니다.

이 이야기를 전달하는 방식도 사이드 프로젝트스럽게 전하려 합니다. 너무 힘주지 않고, 부캐의 마음으로 즐겁고 쿨하게요. (글을 못 써도 괜찮다고 생각하고 있습니다. 제 본캐는 사실 작가가 아니거든요.) 그럼, 이제 함께 사이드 프로젝트의 세계로 떠나볼까요. 본업도 있고 부캐도 있는 멋진 삶으로요.

PROLOGUE

STAGE 1

사이드 프로젝트로 가는 길

STAGE 2

사이드 프로젝트의 다섯 가지 스킬

STAGE 3

사이드 프로젝트 이어달리기

STAGE 4

사이드 프로젝트의 완성을 향해

BONUS STAGE

EPILOGUE

SIDE PROJECT

STAGE 1

사이드 프로젝트로 가는 길

WELCOME
RUNNER
CARPENTER
TRAVELER
PHOTOGRAPHER
SINGER
PAINTER
선택하세요
NEXT →

바쁘게 일하며 살아가고 있는 당신, 잠시 주변을 둘러보니 본업에서 퇴근하고 남는 시간을 이용하여 좋아하는 일에 도전 중인 사람들이 눈에 들어옵니다. 그 도전을 '사이드 프로젝트'라고 부르네요. 자기만의 성취를 이뤄나가는 과정을 보고 있자니 나도 뭐라도 해야 할 것 같지만, 틈을 내기란 쉽지 않아요. 겨우겨우 출근해서 하루를 버티고 퇴근해서 집에 오면 몸과 마음 모두 천근만근입니다. 주말엔 누워 있기 바쁘고, 시간은 너무나 빠르게 지나가죠. 이렇게 일만 하다 나만 뒤처지는 건 아닌지, 사람들은 어떻게 그리 부지런하게 사는지, 어쩌면 그들이 특별해서 그런 건지, 잘 모르겠어요. 사이드 프로젝트… 과연 나도 할 수 있을까요? 아니면 이미 성공한 사람들만의 보기 좋은 성공담일 뿐일까요?

첫 번째 스테이지에서는 남의 이야기인 줄 알았던 사이드 프로젝트를 당신의 이야기로 만들어봅니다. 아시다시피 인생은 마음대로 되지 않아요. 이번만큼은 내 마음대로 되는 것, 마냥 재밌기만 한 것을 좀 해봅시다.

사이드 프로젝트,
부캐의 발견

'사이드 프로젝트'. 이름부터 그럴싸합니다. 검색해보니 '생업과 함께 좋아하는 일을 지속적으로 하는 것'이라는 의미래요. 지금 하고 있는 일을 그만두지 않고, 동시에 그동안 해보고 싶었던 일들을 마음껏 경험해볼 수 있는 것이 바로 사이드 프로젝트죠. 취미보다 약간 더 나아간 느낌이기도 하네요. 직장에서는 찾지 못하는 재미를 찾을 수 있을 것만 같고, 왠지 생산적인 사람이 될 것 같은 기분도 듭니다.

사이드 프로젝트가 낯선 분들을 위해 좀 더 쉽게 생각해볼까요. 본업을 하고 있는 나를 본 캐릭터(이하 '본캐'), 사이드 프로젝트를 하는 나를 부 캐릭터(이하 '부캐')로 보는 거예요. 본캐와 부캐는 원래 게임에서 쓰던 용어로, 각각 '원래 키우던 메인 캐릭터'와 '메인 캐릭터 외에 새롭게 키우게 된 서브 캐릭터'를 뜻했는데요. 최근 방송가와 유튜버들을 통해 그 뜻이 대중적으로 확산되면서 현재는 일상 용어로 자리 잡았습니다.

본캐는 사람들에게 가장 많이 비치는 원래의 내 모습입니다. 주로 직업이나 엄마, 아빠, 학생 같은 대표적인 역할을 말해요. 부캐는 나의 또 다른 자아, 제2의 페르소나입니다. 퇴근 후 유튜버, 하교 후 댄서, 휴가 중 카레이서, 주말의 바텐더같이 하나로 단정 지을 수 없는 새로운 시도들이죠.

방송인 박나래 씨는 집에서 '나래바'의 헤드 바텐더가 되고, 국민 엠시 유재석 씨는 본업을 두고 때로는 트로트 가수로, 때로는 90년대 가요를 부르는 댄스 가수로 활동합니다. 우리 주변에도 몰래 부캐를 키우는 사람들이 있을지 몰라요. 하나의 모습으로만 살기에는 한 번뿐인 인생이 아까우니까요. 한 번도 꺼내지 못했지만 내 안에 꿈틀거리는 에너지를 사이드 프로젝트의 형태로 움직여보면 한 번쯤 살아보고 싶었던 나의 두 번째 캐릭터가 서서히 잡힐 거예요.

지금은 고정적인 사무직이지만, 사실은 무대에 서서 박수 받는 것을 좋아했나요? 지금은 숫자를 다루는 일을 하고 있지만, 사실은 글을 쓰고 싶진 않았나요? 지금은 그림을 그리고 있지만, 사실은 여행가가 되고 싶었나요? 누구나 꺼내지 않은 모습이 하나쯤 있습니다. 그것을 꺼내어 내 삶에 새로운 즐거움을 주는 것, 그것이 부캐의 역할이에요.

부캐는 'N잡', '부업', '멀티잡'과는 또 달라요. 부업은 남는 시간과 에너지를 활용해 돈을 더 버는 데에 집중한다면, 부캐는 내 자아의 또 다른 가능성을 키우는 데 집중합니다. 물론 부캐로 돈을 벌 수도 있고, 또 다른 직업이 생길 수도 있습니다. 그렇게 되면 'N잡러'가 될 수도, 본캐와 부캐가 뒤바뀌면서 전업할 수도 있겠죠. 하지만 이것이 부캐를 키우는 궁극적인 목적은 아니에요. '아, 그렇게 한번 살아볼걸' 하는 후회 대신, 당장 그 삶을 실현하는 데 부캐의 목적이 있습니다.

부캐는 즐겁고 자신감 있는 내 인생을 위한 가장 재미있는 놀이이자, 리스크 없는 투자입니다. 지금 당장 노트를 펼쳐 내 안에서 꺼내고 싶었던 나의 부캐를 적어 소환해봅니다. 지금은 작은 시도로 보이지만 1년, 2년 지나다 보면 나는 완전히 다른 삶을 살고 있을 거예요. 사이드 프로젝트를 하기 전엔 상상도 못 했던 삶을요. 매력 있는 개인 브랜드엔 돈도 자연스럽게 따라올 수밖에 없답니다. 부업도 재테크도 좋지만, 우선 잠들어 있던 나의 부캐부터 흔들어 깨워볼까요. 얼마 지나지 않아 내 인생에 자존감, 자부심, 자신감이라는 더 큰 자산으로 돌아올 거예요.

설령 나의 부캐가 본캐와 너무 다르대도 괜찮습니다. 사람은 의외성이 있고, 좀 이상하다는 말을 들어야 매력적이거든요. 꺼내세요. 나의 두 번째 세 번째 자아를요. 그리고 '내가 뭘 하겠어'라는 망설임의 벽을 폴짝 넘어봅니다. 오히려 마음속으로 큰 소리를 내보세요. '나라고 안 될 건 없잖아!'

변화의 시작

혹시 지금 하고 있는 일에 지쳤나요? 너무 그 일에만 매달리고 있다거나요. 생각해보면 저는 사이드 프로젝트를 모르던 시절 아등바등 살았던 것 같습니다. 성공하고 싶다는 욕심도 많았고, 꿈도 이루고 돈도 많이 벌고 싶었습니다. 인정하고 싶지 않지만 비주류라는 콤플렉스도 있었어요. 그래서 더 열심히, 온 마음을 다해 일했습니다. 눈앞에 보이는 걸 좇으면 다 잘될 거라 생각했거든요. 하지만 결과는 늘 낙방이었습니다. 정신을 차려보니 어느새 30대, 잦은 이직으로 이리저리 토막 난 이력서와 텅 빈 통장만이 남아 있었습니다. 그때 깨달았어요. '인생은 내 마음대로 되지 않는구나.' 그리고 다짐했습니다. 이제부터는 가고픈 길과 방향이 생기더라도 절대 모든 것을 걸고 유턴하지 않겠다고요. 급선회한다고 한들 그곳이 정말 내가 꿈꾸던 이상향이 맞을 거라는 보장은 없으니까요. 지금의 길을 우선은 묵묵히 계속 가면서, 다른 방식으로 어려움을 돌파하고 싶었어요. 그렇게 생각하자 머리가 맑아졌습니다.

'무언가 할 때 제대로 해야 한다는 강박을 버리자.'
'꼭 인생과 시간을 다 바쳐서 하지 말자.'

'가볍게 사이드로 시작해도 전혀 나쁠 것 없잖아! 오히려 더 잘될지 몰라.'

그 이후로 사이드 프로젝트의 원리를 생활 전반에 이용하기로 마음먹었습니다. 사이드 프로젝트는 말 그대로 '메인'이 아니라 '사이드'기 때문에 가볍고 즐겁잖아요. 무엇인가 새롭게 시작할 때면 올인 대신 실험을 한다는 마음으로 임했죠. 아주 작게, 부담 없이, 그리고 나답게요.

그리고 곧바로 내가 하고 싶은 일들을 실행했습니다. 〈에어비앤비 Airbnb〉를 통해 밤마다 집에서 외국인 여행객들을 만나기로 한 것이죠. 제 인생의 첫 사이드 프로젝트였습니다. 그땐 여행객들과의 인생 수다가 저의 유일한 탈출구였어요. 여행을 못 가는 워커 홀릭 직장인에게 매일 밤 여행지의 기운이 제 발로 찾아오는 셈이었지요. 게다가 부족한 월급도 채울 수 있었습니다. 숙소 호스트라는 새로운 부캐가 생기자 저는 조금씩 밝아졌고 대인관계에도 자신감이 생겼습니다. 관계가 좋아지니, 업무도 잘 되었습니다. 외국인과 계속 소통하는 저를 보고, 회사에서도 해외 업무를 맡기기 시작했습니다. 본업에서도 새로운 기회들이 생기고 일도 재미있게 하다 보니 어느새 회사에서 능력 있는 사람이 되어 있더라고요.

주변을 둘러보니 저와 같이 사이드 프로젝트를 이용해 인생을 바꾸고, 매력적인 삶을 얻고, 자신을 되찾은 사례는 너무나도 많았어요. 〈낯선대학〉, 〈리뷰빙자리뷰〉, 〈개인의시대 컨퍼런스〉 등의 사이드 프로젝트를 진행한 대한민국의 대표 사이드 프로젝터 백영선 님은 사이드 프로젝트를 시작한 이유를 이렇게 밝혔습니다.

내가 직장을 다니면서 하는 일은 내 뜻대로 되는 게 아니더라고요. 선택할 수 있는 일이 아니라 주어지는 거죠. 스스로 컨트롤할 수 있는 것이 별로 없어요. 가장 매치가 좋을 때는 입사할 때입니다. 나의 능력과 회사의 니즈가 맞아떨어질 때 입사를 하게 되는 거잖아요. 저도 그랬어요. 하지만 원하던 부서와 다른 부서로 배치를 받게 되면서 일의 가치와 내가 불일치하고 정체성이 흔들렸어요. 능력이 없는 사람 같고 자존감은 계속 하락했죠. 회사 가는 게 너무 두렵더라고요. '버틴다'라는 말밖엔 떠오르지 않았어요.

그래서 회사 밖을 모색하기 시작했어요. 분위기 전환을 위해 대학원에 다니고 싶었지만, 긴 출퇴근 시간과 높은 등록금 때문에 엄두가 안 났고요. 그러다 그냥 내가 특강 중심의 대학원은 하나 만들 수 있지 않나라는 생각까지 갔어요. 친구들이 각자 필드에서 10년 차가 넘어갔고, 이런 친구들 5~60명을 모으면 서로 좋은 영감을 주고받을 수 있겠더라고요. 그게 <낯선대학>이 되었어요.

<낯선대학>은 낯선 사람들과의 교류를 통해 경험과 인사이트를 얻는 커뮤니티예요. 회사 일은 나를 짓누르려고 하는데, <낯선대학>에서는 내가 주체적으로 할 수 있는 것이 많았어요. 자존감이 조금씩 회복되었어요. 그 후 운이 좋게도 원하던 부서로 배정되었어요. 스토리 펀딩이라는 서비스 업무였는데요, 그간 만났던 수많은 관계가 펀딩에서 꽃을 피웠죠. 자존감이 완전히 회복됐어요. 내 의지로 움직일 수

있는 것들을 내 일상에 얼마나 두고 있느냐에 따라서 삶이 달라져요.

– 유튜브 <라이프쉐어> '백영선' 편 중에서

백영선 님의 이야기는 삶이 나를 짓누르고 마음대로 되지 않을 때 사이드 프로젝트가 얼마나 긍정적인 역할을 하는지를 잘 보여줍니다. 사이드 프로젝트는 단순히 돈을 버는 부업이 아닌 자아실현에 가깝다는 것도요. 사이드 프로젝트를 시작하면, 이런 점이 좋아요.

힘 빼기가 가능합니다.

본업은 내 정체성과 직결됩니다. 디자이너가 디자인을 못하면 안 되고, IT 개발자가 개발을 못하면 안 됩니다. 그래서 우리는 실수를 조심하고, 피해를 입지 않으려 하고, 나를 지키기 위해 애씁니다. 이렇게 본업에서는 자신의 가치를 잘 지켜야 하기 때문에 힘 빼기의 기술을 시도하기 쉽지 않습니다. 하지만 사이드 프로젝트에서는 얼마든지 가능해요. 이것을 못한다고 해서 내 아이덴티티에 막심한 손해가 나지 않기 때문이죠. 힘을 빼고 얼마든지 즐겁게 새로운 일을 할 수 있는 것이 사이드 프로젝트의 장점입니다.

나의 영향력이 커집니다.

조직에서는 개인보다 회사가 앞설 수밖에 없습니다. 그래서 때로 내가 하고 싶지 않은 일도 해야 하고, 가치보다는 역할을 중요시하게 됩니다. 하지만 사이드 프로젝트에서는 내가 주인공입니다.

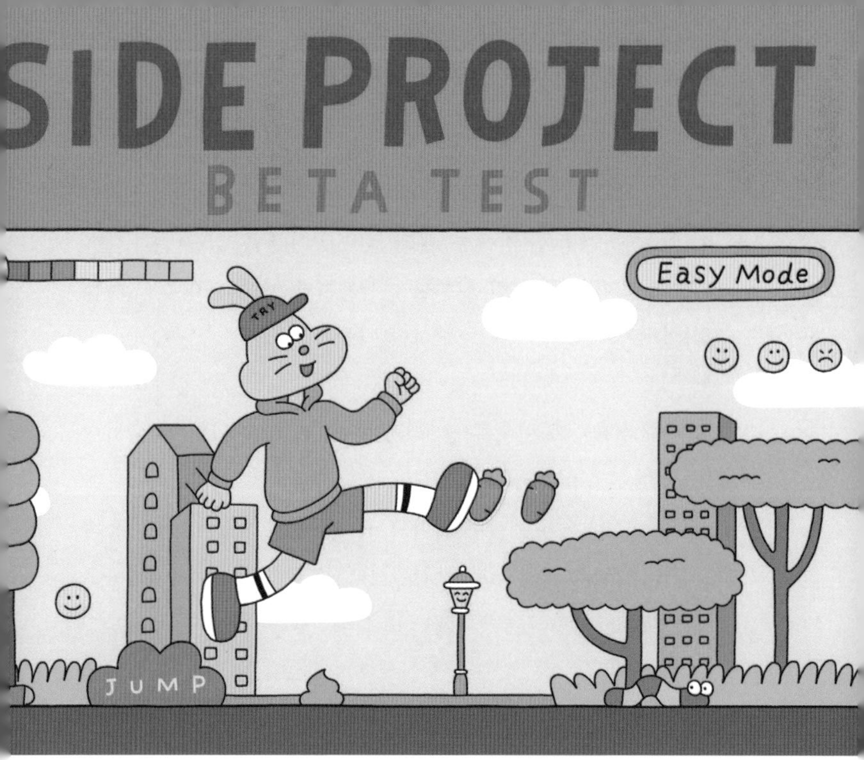

남과 같이하더라도 최소한 내가 하고 싶은 일을 하죠. 그래서 전통적인 조직에서보다 나의 영향력이 훨씬 커집니다. 스스로 해결할 수 있는 일이 많아질수록 삶이 즐거워지는 걸 느낄 수 있어요.

인생 베타 테스트Beta Test가 가능합니다.

사람은 한 번밖에 살 수 없어요. 누구나 삶은 처음이자 라이브이기 때문에 가진 모든 것을 걸고 테스트하기는 어렵습니다. 무모하고 위험하죠. 하지만 나의 10분의 1 정도만 베타 테스트를 하는데 써본다면 어떨까요. 현재의 우리는 1인분의 삶밖에 살 수 없지만 나의 에너지를 10분의 1로 나누어 10퍼센트만 사이드 프로젝트에 투자한다면 한 번에 2인분의 삶을 살아볼 수 있습니다. 사이드 프로젝트를 하면, 한 번뿐인 인생이지만 여러 가지 길을 가볼 수 있어요.

내 쓰임의 의미와 가치를 찾기 어려운 요즘, 누구나 쉽게 사이드 프로젝트를 하며 자신의 인생을 즐겁고 주도적으로 채워나갔으면 해요. 누구의 색깔도 아닌 나만의 색깔로요. 만약 인생이 마음대로 되지 않아 답답하다면 사이드 프로젝트를 시작하기 아주 좋은 시기입니다. 막혔다고 생각했던 내 삶에 변화가 찾아올 거예요.

다른 길로 가볼까요

앞서 말했듯이 우리는 본업을 하면서도 사이드 프로젝트를 통해 내가 하고 싶은 다른 일들을 할 수 있습니다. 어린 시절의 꿈에도 다가갈 수 있고, 퇴직 이후의 삶을 먼저 실험해볼 수도 있고, 하다못해 내 안에 있는 아주 작은 욕망을 해소할 수도 있고요.

하지만 무엇보다도 사이드 프로젝트의 가장 큰 묘미는 실패해도 괜찮다는 것입니다. 그것이 실패하더라도 나에게는 전혀 영향이 없으니까요. 하다 보니 이건 아닌 것 같다 싶으면, 다른 것으로 옮겨 타면 그만입니다. 프로 직장인이 꽃을 못 만든다고 해서 이상할 것이 없고, 사업가가 그림을 잘 못 그린다고 해서 힘들 것이 없고, 유튜브를 시작하는 사람이 처음부터 잘할 수 없고, 공부하는 학생이 사업을 못한다고 해서 뭐라 할 것이 없습니다.

여기서 '잘 못해도 된다고 생각하는 것'에는 엄청난 효과가 있어요. 본업에서와 달리 우리는 힘을 빼고 부담을 내려놓을 수 있거든요. 힘을 빼고 무언가를 계속하다 보면 '캐릭터'가 생깁니다. 고르지 않고 삐뚤삐뚤한 것이 나만의 개성이기 때문이죠. 그런데 이러한 캐릭터를 어딘가에 꾸준히 기록하면, 생각보다 빠르게 사람들이 이를 알아봅니다. 이 세상은 늘 새로운 것을 발견하는 데 혈안이 되어 있으니까요.

본캐로 아등바등 살던 시절, 저에게는 사이드 프로젝트 말고도 아르바이트나 이직 같은 다른 방법이 있었습니다. 그럼에도 사이드 프로젝트를 선택한 건 당시 큰 리스크를 질 자신이 없어서였어요. 새로운 일에 쏟을 에너지도 없었고, 계속 돈을 벌어야 하기 때문에 퇴사할 수도 없는 상황이었고, 아르바이트는 당장은 도움을 줄지 몰라도 제가 원하던 일이 아니었습니다. 길게 봤을 때 큰돈이 되는 것도 아니었고요. 그래서 본업에서 잘 버틸 힘을 주면서 동시에 나만의 것을 할 수 있는, 효율성 높은 사이드 프로젝트를 시작하게 되었습니다.

그런데 이게 얼마 지나지 않아 용돈벌이는 물론이고 자존감을 높여주는 역할까지 해주더라고요. 무엇보다 재미있었습니다. 힘을 들이지 않았고, 그렇기 때문에 누가 별로라고 해도 별 신경 쓰지 않고 넘어갈 수 있었습니다. 어차피 내가 다 잘할 수 있는 영역이 아니고, 잘할 필요도 없다고 생각했기 때문입니다. 그런데 이렇게 쿨해지니 오히려 사람들이 좋아합니다. 참 신기한 일이죠. 본업에서는 죽어라 안 되던 게, 사이드 프로젝트에서는 참 쉽게 되더라고요.

본업만 계속 붙잡고 있으면 우울할 수 있습니다. 내 삶에 하나의 가능성만 붙잡고 있어야 하기 때문입니다. 하지만 즐겁고 건강한 부캐가 있는 사람들은 걱정할 필요가 없습니다. 가능성이 무궁무진하니까요.

예술경영 대학원에 입학한 뒤의 막막함을 페이스북 페이지에 풀어놓은 이지현 님. 지현 님이 만든 〈예술경영 대학원생이 등록금이 아까워 만든 페이지〉는 예술경영학계의 대표적인 영 미디어 Young Media가 됩니다. 이 채널에서 꾸준히 예술경영 관련 소식과 양질의 콘텐츠를 전한 지현 님은 1년 뒤 예술경영학계 교수님들과 함께 전문 웹진에 인터뷰가 실릴 만큼 자기만의 브랜드가 확고해졌습니다.

박찬빈 님은 새로 이사한 집이 너무 좋아 자신의 집을 꾸민 이야기를 하나둘 인스타그램에 업로드했습니다. 이것이 쌓여 〈오늘의집〉 랜선 집들이를 시작하고, 독립 출판물 『찬빈네집』도 발행하게 됩니다. 집에서 커피 내리기, 옥상에 놀러 온 고양이 관찰하기, 친구 초대하기 등 소소한 이야기가 책에 담겨 있습니다. 이후 찬빈 님은 자신의 관심사를 닮은 도심 속 1인 가구를 위한 코리빙 브랜드 〈맹그로브〉의 시니어 커뮤니티 매니저가 됩니다.

캐릭터를 가지고 꾸준히 무언가를 표현하면 그것은 '브랜드'가 됩니다. 사이드 프로젝트로 퍼스널 브랜드를 가질 수도 있고, 나아가 이직의 발판을 마련할 수도, 비즈니스를 할 수도 있는 것이죠. (이 부분은 STAGE 04에서 자세히 다뤄보겠습니다.) 그러니 남의 눈치 보지 말고 내가 하고 싶은 것을 하세요. 이번이 기회예요.

사이드 프로젝트를 시작한다고 해서 나의 본업이 무의미한 것은 아닙니다. 오히려 본업에서 얻을 수 있는 경제적 · 심리적 안정감, 인프라의 유용함 덕분에 사이드 프로젝트도 즐겁게 할 수 있는 것이죠. 부업이 본업이 되었을 때 오히려 좋아하던 일이 재미가 없어지고 돈에 연연하게 되면서 마음의 여유가 사라지는 경우가 꽤 있습니다. 저 또한 그랬고요. 이럴 때 우리는 현명하게 선택할 수 있습니다.

첫 번째, 본업과 겸하면서 사이드 프로젝트를 당분간 유지하면서 지켜볼 수도 있습니다.
두 번째, 어느 정도 성과를 달성했다면 그 즐거움만을 가지고 다시 다른 사이드 프로젝트에 도전할 수도 있습니다.
세 번째, 시간이 지나 자연스럽게 본업과 사이드 프로젝트가 전환되는 경우도 있습니다.

저의 경우, 사이드 프로젝트로 시작했던 에어비앤비 호스트가 본업이 되었고 그곳에서 나누었던 깊은 대화와 치유가 다시 두 번째 사이드 프로젝트가 되어 이제는 휴식 엔터테인먼트를 만드는 사업가가 되었습니다. 하지만 여전히 일을 하나의 프로젝트로 생각하려 노력하고 있습니다. 진지하게 일하되, 가벼움을 잃고 싶지 않아서죠.

아무리 부담이 없고 가볍게 할 수 있다고 말해도 사이드 프로젝트가 어렵게 느껴지거나 실패할까 봐 두려울 수 있습니다. 두려운 게 당연해요. 새로운 일이라 경계심이 들 테죠. 내가 할 수 있을까 싶은 소심함도 있고, 누군가 알면 나를 이상하게 생각할 것 같아 겁도 나고요. 이럴 때는 두려움을 인정하고 걱정을 두 팔로 껴안는 방법이 가장 좋습니다.

최악의 상황을 생각해볼까요. 약간의 돈을 잃거나 주변에서 이상한 사람 소리를 잠시 들을 수도 있어요. 그러나 맞서려 하지 말고 받아들여요. 두려움과 부딪치려고 들면 사이드 프로젝트 본연의 즐거움을 잃어버리고 회피하며 시간만 계속 끌게 되거든요. 원래 시작할 땐 두려운 게 맞다고 인정하고 뛰어들면 신기하게도 곧 두려움이 사라집니다. '나라고 안 될 건 없지?' 하는 마음으로요. 우리는 무엇이든 할 수 있고, 무엇이든 될 수 있는걸요.

그러니 반 발짝을 옆으로 슬쩍 내밀어봅시다. 내 일상에 큰 주축이 되는 발은 그대로 일상에 담가놓고, 한쪽 발은 다른 물줄기에 살짝 담가보는 것이죠. 그래도 돼요. 오히려 다른 물줄기에 발을 담가보지 않으면, 내가 어떤 물에서 더 행복한 사람인지 영영 알 수 없을지도 모릅니다.

작은 영역에서라도 내가 진심으로 즐거운 일을 해봅시다. '1년 뒤에 난 어디에 있을까?' 즐거운 상상을 하며 이제 발을 슬며시 옮길 준비를 해보아요. 사이드 프로젝트라는 새로운 길이 보일 겁니다. 이 길의 방향과 모양, 가는 속도는 오롯이 내 마음에 달렸습니다.

출발선에 서기

사이드 프로젝트란 길 위를 한 걸음 내딛고 싶어도 내 일상은 이미 다른 일로 충분히 바쁘고, 휴일에는 쉬어야 하기에 시간을 내기 버겁습니다. 웬만한 동기가 아니고서야 시작조차 어려울 것 같은데요. 그렇기에 강한 내적 동기가 있는 사람이라면 이미 반은 성공한 것이나 마찬가지입니다. 그 에너지 덕분에 초중반에 거침없이 진도를 나갈 수가 있거든요. 출발 지점을 확인해봅시다. 아래 다섯 가지 지점에서 사이드 프로젝트를 시작한다면, 성공 확률이 매우 높아질 거예요.

하고 싶은 것에서 시작합니다

첫 번째는 내가 하고 싶었던 것이나, 지금 하고 싶은 것들을 해보는 사이드 프로젝트입니다. 대표적으로는 어떤 것을 배우고 싶은 욕망입니다.

시간이 없어서 못 한다고 생각했던 배움, 몸이 굳어서, 머리가 굳어서 못 한다고 생각했던 것들, 또는 나중에 돈을 벌고 좀 여유로워지면 배우려고 했던 것들을 떠올려보세요. 남들 혹은 자신의 눈치를 보고 덮어둔 관심사, 취미, 욕망 같은 것들에는 이루고자 하는 마음이 매우 강하게 숨어 있어요. 시도하는 것 자체만으로도 자신감이 붙을 겁니다.

춤 배우기, 악기 배우기, 도시 농업 하기, 여행 도전하기, 좋아하는 옷 입기, 스터디, 사진 찍기, 관심사가 같은 사람 만나기, 안 해본 경험 해보기 등등 다양한 크고 작은 도전들이 여기에 속합니다.

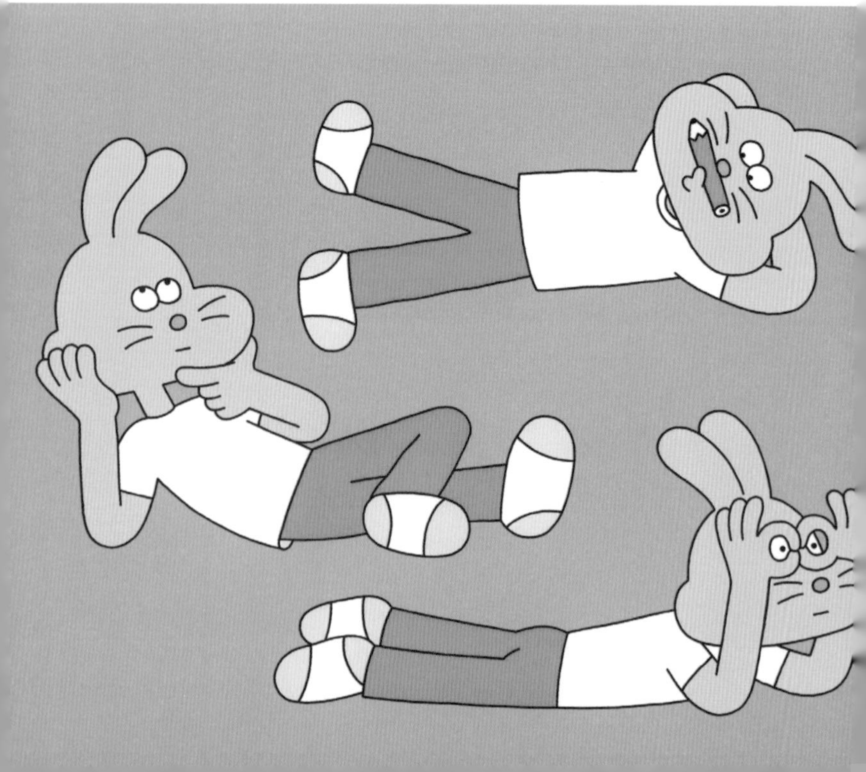

나의 필요에서 시작합니다

두 번째는 나의 간절한 필요에서 시작하는 것입니다. 이때의 사이드 프로젝트 아이템은 내게 또는 내 인생에 필요한 것인데, 세상에는 없는 것들입니다. 내가 챙기지 않으면 타인이나 세상이 절대 내게 주지 않을 것들을 떠올려보세요.

그걸 얻는 것을 목표로 한 사이드 프로젝트는 역시 내적 동기와 맞닿아 성공 확률이 매우 높답니다. 사이드 프로젝트로 인해 내가 필요한 것을 얻을 수 있거든요. 도전하다가 지치는 순간이 와도 나의 필요와 상상되는 결과가 다시 나를 사이드 프로젝트로 돌려놓을 거예요.

휴식, 재테크, 공부, 퍼스널 브랜딩, 건강한 음식 먹기, 블로그 쓰기, 책 만들기, 관계 개선 등의 사이드 프로젝트가 해당해요.

분노에서 시작합니다

세 번째는 분노에서 시작하는 사이드 프로젝트입니다. 특정한 상실감, 배신감, 억울함, 답답함을 적극적으로 해결하기 위해 분노를 이용하는 거죠. 분노하면 나 자신이나 나를 둘러싼 환경이 변하기를 강렬히 바라게 되거든요. 또는 나와 같은 사람이 더는 발생하지 않도록 생태계를 바꾸려는 목적으로 사이드 프로젝트를 시작할 수도 있습니다. 사이드 프로젝트 진행 동기가 매우 강하기 때문에 세

가지 시작 지점 중 가장 성공 확률이 높은 출발입니다.

이벤트 만들기, 소식지 만들기, 제품 및 서비스 만들기, 특정 행동 근절하기, 멘탈케어 등 다양한 사이드 프로젝트가 여기서 시작합니다.

나의 강점에서 시작합니다

네 번째는 내가 가진 강점을 제대로 살려보는 사이프 프로젝트입니다. 살면서 우연히 발견한, 또는 후천적으로 길러진 나의 강점이 있을 것입니다. 본업을 하느라 제대로 관심을 주지 못했지만, 언젠가 제대로 키워보고 싶었던 나의 강점에 짧게나마 집중해보는 것입니다. 또는 그동안 내 강점이 상업적으로만 쓰였다면 이번에는 나를 필요로 하는 작은 사회에 써볼 수도 있겠죠.

남에게 도움 주기, 특정 지식 알리는 채널 만들기, 출판, 온라인 강의 등등 나의 강점을 본업이 아닌 다른 곳에 적용해보는 프로젝트가 여기에 속합니다.

나의 강점에서 시작한 사이드 프로젝트는 취미를 넘어 비즈니스로 빠르게 넘어갈 수 있다는 장점이 있습니다. 또한 이미 잘 알고 있는 영역을 다르게 접근한다거나, 내 필드에서 익혔던 경험을 다른 필드에 접목하면서 더 큰 가능성을 실험해볼 수도 있지요.

사회적 문제의식에서 시작합니다

다섯 번째는 사회적 의식으로부터 사이드 프로젝트를 시작하는 것입니다. 살면서 특히 관심이 가는 사회 문제를 발견했던 적이 있을 거예요. 나와 관련이 있거나, 또는 직접적으로 관련이 없어도 나의 내적 동기와 사회 문제가 맞닿아 있을 수가 있습니다. 이를 조금 더 나은 방향으로 해결하는 것을 목표로 잡는 거예요.

이는 소비자들이 스스로 프로젝트의 가치를 널리 퍼트리게 할 수 있다는 장점이 있습니다. 심각하지 않아도 얼마든지 즐거운 방식으로 표현할 수 있답니다. 내가 속한 사회의 문제에 적극적으로 가담하다 보면 내 안의 문제도 풀릴 때가 있어요. 개인의 브랜드에도 긍정적인 영향을 끼칠 거고요.

봉사, 세미나, 이벤트 조직, 바자회, 정기 프로젝트 만들기 및 다양한 경제 활동이 여기에 속합니다.

우리는 우리의 인생에 스스로 박수 칠 만한 일들을 많이 만들어야 합니다. 하지 않아야 할, 하지 못할 이유를 대면 너무나 많아요. 나의 숨겨진 욕구를 잘 파악하고 사이드 프로젝트를 시작해보세요. 스스로를 위한 일이기 때문에 신이 나고, 자발적으로 작은 도전을 계속해나갈 수 있을 테니까요.

나만의 '아이템'을 찾아서

사이드 프로젝트를 시작할 동기가 생겼다면 마지막으로 해야 할 중요한 일이 있습니다. 내가 할 프로젝트를 정확히 찾는 것입니다. 사이드 프로젝트가 좋은 건 알겠는데, 무엇을 하면 좋을지 막막하다면 여기 '버킷리스트'가 당신을 도와드릴게요. 매체에 너무나 많이 소비된 단어이기 때문에 별 신통찮은 기분이 들 수도 있겠지만, 써본 사람은 알고 있습니다. 버킷리스트를 적는 것이 간단하지만 얼마나 강력한 힘이 있는지요.

버킷리스트는 내가 살면서 한 번은 해보고 싶었지만, 나와는 거리가 멀다는 핑계로, 나이가 많다는 혹은 적다는 이유로, 이상한 사람 소리를 들을 것 같아서, 경제적인 이유로 하지 않았던 작은 꿈들입니다. 잊고 지낸 지 오래되어서 이제 잘 기억이 안 날 수도 있습니다. 생각하면 너무 어이가 없고, 말도 안 되고, 웃겨서 남에게 말하기 부끄러울 수도 있습니다. 하지만 괜찮습니다. 사실 그런 기분이 들면 들수록 제대로 번지수를 찾아온 것이니까요.

자신에게 편한 종이를 하나 준비해서 버킷리스트라는 크고 굵직한 글씨를 하나 적고, 그 누구에게도 보여주지 않으리라 다짐을 합니다. 그리고 내가 잊고 지냈던 어린 시절의 소망, 죽기 전에 꼭 해보고 싶은 일들, 지금 당장 해보고 싶은 일들, 다시 태어나면 살아보고 싶은 삶, 여유가 생기거나 나이가 들면 해보려고 했던 라이프스타일들을 쭉 적습니다.

1. 먼저 텅 빈 마음속에 떠오르는 단어들을 적어보세요. 구체적인 문장이 아니어도 좋습니다. 그냥 마음속에 담아두었던 단어를 꺼내세요. 예를 들면, 음악, 요리, 필라테스, 로드 트립, 공부, 자전거, 요트 등 어떤 것도 좋습니다.

2. 꺼낸 단어에 조금 더 설명을 붙여봅니다. '언제, 어디서, 누구랑, 어떻게' 같은 세세한 부사와 형용사를 붙여봅니다. 1번 단계에서 '자전거'를 떠올렸다면 문장으로 완성해봅니다. '끝내주게 멋진 서울~부산 자전거 횡단 여행 중에 소울메이트 만나기.' 좀 황당하고 부끄럽다 싶으면 아주 잘하신 겁니다.

3. 하나를 완성했다면 내친김에 최소한 다섯 개는 적어보세요. 그중 어떤 것도 현실성은 고려하지 않아도 됩니다. 부끄럽다 생각하지 마시고 의식의 흐름대로 막 적어보세요. '칸 영화제에서 여우주연상 받기' 정도의 클래스도 괜찮습니다.

4. 다 적으셨다면 이번에는 그 문장에서 핵심 단어 한두 개를 골라주세요. 예를 들어 '끝내주게 멋진 서울부산 자전거 횡단 여행 중에 소울 메이트 만나기'에서 핵심 단어라고 생각하는 한두 개를 골라볼까요. 저는 '자전거', 그리고 '여행'을 골랐습니다. 그러면 우선 자전거가 있어야 하고, 여행을 할 수 있어야 하겠죠.

5. 이제 버킷리스트를 새로운 종이에 옮겨 적습니다. 이번에는 한 달 안에 바로 시작할 수 있는 축소형 버킷리스트로 변신시켜보아요. 저라면 우선 자전거를 <당근마켓>에서 구한 다음 천천히 2주 정도 그동안 굳은 몸을 단련한 뒤, 서울에서 팔당까지 가는 계획을 세워볼 것 같아요.

6. 이제는 두 장의 버킷리스트를 바라보며, 그 안에 잠시 머물러봅니다. 그것이 이루어졌을 때의 내 모습을 상상하면서요.

7. 이제 엉덩이를 뗄 차례입니다. 오늘 자정이 오기 전에 자전거를 알아보든, 여행 경로를 알아보든, 무엇이든 하나를 바로 실행하세요!

버킷리스트를 적기에 가장 좋은 때라는 건 사실 없습니다. 이 글을 읽고, 혹은 누군가의 삶에서 문득 자극을 받으면, 그때가 가장 좋은 시기입니다. 하지만 무의식 속에 감춰진 버킷리스트를 불러오는 방법도 있답니다.

첫 번째, 산책을 합니다. 집 근처, 회사 근처에 잠시 바람을 쐬러 나가서 잡념을 잊고 오로지 산책에만 몰두하는 것입니다. 김경일 아주대학교 심리학과 교수님은 이런 말씀을 하셨습니다. "옆길로 산책하면 아이디어가 떠오른다." 사람은 아주 커다란 낯선 경험에서 새로운 생각이 떠오르는 것이 아니라, 평소와 조금 다른 것을 경험하는 것만으로 충분한 자극을 얻을 수 있다고 해요.

그러니 우리는 엄청난 아이디어나 영감을 얻기 위해서 비행기를 타고 어딘가 떠나지 않아도 됩니다. 잊혀진 관심사나 꿈을 떠올리기 위해 오히려 내 일상 근처로 작은 여행을 떠나보세요. 산책길 위에 자신을 풀어놓고 멍— 하게 시간을 보내다 보면 내 안에 잠자고 있던 이미지들이 떠오를 거예요. 그 떠다니는 이미지들을 잡아 종이에 옮기면 됩니다.

두 번째, 낮잠을 잡니다. 편안한 상태로 달콤한 낮잠을 자고 나면 복잡했던 머리가 정리되고, 몸 상태도 좋아지고, 기분까지 좋아집니다. 이때 무언가 하면 설레겠다 싶은 일들을 떠올려보세요. 평소보다 맑아진 정신으로 새로운 의욕들이 노크할 거예요.

이렇게 아무것도 하지 않는 빈틈, 심심한 시간, 멍한 시간, 여유를 자신에게 주세요. 긴장된 몸과 마음을 조금 쉬게 해주고, 아무것도 안 해도 된다는 자유를 내게 준다면, 내 안의 새로운 면을 발견하게 될 확률이 높아집니다.

세 번째, 춤을 춥니다. 생각을 끊어내고 새로운 에너지를 얻는 데 이만한 방법이 없습니다. 평소 몸을 잘 쓰지 않는 분이라면 어색할 수도 있는데요. 걱정하지 마세요. 문을 잠그고 나만의 공간에서 신나는 음악을 틀어놓고, 두세 곡만이라도 음악에 집중하여 아무렇게나 내 마음 가는 대로 춤을 춰보세요. 집중해서 몸을 흔들고 나면 그 뒤로 완전히 새로운 에너지와 생각이 찾아올 겁니다. 생각보다 많은 사람이 춤을 일상 에너지원으로 사용해요.

네 번째, 내 소지품을 꺼내 둘러봅니다. 너무 어지러워서 집 정리를 사이드 프로젝트로 하고 싶어질지도 모르지만, 우선은 다정하게 한번 바라봅니다. 오래된 옷, 책, 소품, 알 수 없는 잡동사니들을 먼지와 함께 바라봅니다. 예전의 내가 다시 떠오를 것입니다.

미친 듯이 필기했던 사회 초년생의 노트, 왜 모았는지 알 수 없는 CD, 이젠 떠오르지 않는 사람들의 편지, 내용도 기억 안 나는 제목 어려운 책, 시작하려다 만 취미 도구들이 있을 것입니다. 가만히 그들을 바라보고 만지다 보면, 예전의 내가 천천히 말을 걸어올 거예요. 아무 생각도 안 나고 복잡해지기만 한다면 과감히 미니멀리스트 되기를 버킷리스트에 적어보세요!

춤을 출 때와 마찬가지로 버킷리스트를 적을 때 가장 유념해야 할 것은 스스로에게 눈치를 주지 않는 것입니다. 어떠한 아이디어도, 어떠한 감정도 무시하지 말아주세요.

'이것은 내게 어울리지 않아. 돈 많고, 여유 있는 사람들이나 하는 거지~.'

이런 생각들은 금물입니다. 버킷리스트 앞에서만큼은 오히려 뻔뻔해지는 게 더 좋아요. 그래도 힘들다면 아무도 보지 않는 곳에서

리스트를 써보세요. 종이를 잡고, 휴대폰 메모장을 꺼내서 그냥 쓰는 것입니다. 쓰고 나서 지워도 되니, 터무니없더라도 우선은 그냥 써봅니다. 상상이니까 괜찮아요. 우리의 작은 상상에 한계를 짓지 않는다면 그 상상은 현실이 될 수 있어요.

BUCKET
LIST

QUEST

나의 첫 사이드 프로젝트를 위한 버킷리스트를 적어봅시다.

퀘스트를 깨려면 아래 문항을 전부 작성해야 합니다.

잊고 지냈던 어린 시절의 소망 :

죽기 전에 꼭 해보고 싶은 일 :

지금 당장 해보고 싶은 일 :

여유가 생기거나 나이가 들면 해보려고 했던 일 :

다시 태어나면 살아보고 싶은 삶 :

문장을 다 적었다면 키워드만 남겨보세요.

내가 적은 것이 좀 부끄럽더라도 오래 쳐다보고, 그것을 누리고 있는 새로운 내 모습을 상상합니다.

LEVEL UP!

내 안에 잠들어 있던 부캐를 소환합니다

사이드 프로젝트는 잘 못해도 괜찮아요

본업의 장점을 적극 이용합니다

모든 것을 걸지 않기 때문에 부담 없이 즐겁게 할 수 있어요

사이드 프로젝트, 강한 내적 동기로부터 출발합니다

버킷리스트를 적어 나만의 사이드 프로젝트 아이템을 찾습니다

이제 당신은 사이드 프로젝트라는 흥미로운 게임을 시작했습니다. 버킷리스트를 종이에만 남겨두지 마세요. 내가 어떤 것을 좋아하고, 어떤 것에 창의력을 쓰고, 무엇을 만들고 기록하는지 자유로이 탐험해봅시다. 종이 위의 글자들이 현실이 되도록요. 자, 다음 스테이지로 가볼까요!

RUN
READY
LEVEL UP!

SIDE PROJECT

STAGE 2

사이드 프로젝트의 다섯 가지 스킬

SIDE PROJECT
3KM
Easy Mode
ITEM
?

EASY MODE | OVERVIEW | STAGE 02

앞선 스테이지에서 사이드 프로젝트의 중요성을 깨닫고 버킷리스트를 작성하여 나의 첫 사이드 프로젝트 아이템을 찾았다면, 이번 스테이지는 사이드 프로젝트를 실현할 때 꼭 필요한 스킬을 익힐 차례입니다.

다섯 가지 스킬을 천천히 익히면서 나만의 사이드 프로젝트에 적용하다 보면 누구나 새로운 세계를 가질 수 있습니다. 이 스킬들은 저의 경험을 바탕으로 이루어져 있으며 매우 간단하지만 제법 힘을 발휘할 거예요. 다른 사람을 부러워만 하지 말고 내가 꿈꾸던 사람이 되어봅시다!

작게 시작합니다

사이드 프로젝트를 시작하는 방법은 여러 가지입니다. 그중에 가장 기초가 되는 것이 바로 규모를 줄여서 '작게 시작'하는 것인데요. 일을 크게 벌일 때, 제대로 해내야만 한다는 무의식이 머리를 가득 채울 때, 사이드 프로젝트는 그 가벼움의 힘을 잃어버리고 맙니다.

우리의 몸과 뇌는 리스크를 기억하고 있습니다. 그래서 자꾸 그 시작을 더디게 만들 거예요. 시작을 겨우 하게 되었더라도 지속적으로 유지하는 데 부담이 될 거고요. 그건 사이드 프로젝트가 아니라 본업에 접근하는 방식입니다. 사이드 프로젝트는 어디까지나 작게 시작해서 가볍게 즐겨주세요. 작게 시작하는 것에도 몇 가지 카테고리가 있는데요.

프로젝트 규모 줄이기

첫 번째는 규모를 줄이는 것입니다. 앞서 버킷리스트를 적을 때 내가 하고 싶은 프로젝트들을 풍성하게 떠올렸을 겁니다. 리스트를 다시 바라보았을 때 허무맹랑한 것이 많을 거예요. 지금의 나와는 어울리지 않는 것도 있을 거고요. 낙담하기는 이릅니다. 이때는 문장을 줄이면서 핵심 단어를 뽑아내기만 하면 됩니다. 그럼 규모를 줄일 수 있는 아이디어는 자연스럽게 생겨납니다. STAGE 01의 버킷리스트 작성 방법, 기억나시죠? 똑같아요.

저는 늘 직접 농사지은 식재료로 밥을 해 먹는 건강한 삶을 살고 싶었습니다. 직접 키운 작물로 건강한 홈메이드 음식을 해서 아이들도 먹이고 싶었어요. 자취 생활을 워낙 길게 한 탓에 몸이 많이 망가졌기 때문에 생긴 로망입니다. 하지만 그러려면 우선 밭을 꾸릴 만한 땅이 필요했습니다. 그리고 여유로운 아침 시간을 보낼 수 있는 라이프 스타일이어야 했고요. 즉석 밥 하나도 귀한 현재의 삶에서는 상상하기 어려운 생활이었습니다. 나중에 돈을 아주 많이 벌고 나서야 가능한 삶의 모습 같았어요. 10년 뒤에나 겨우 상상할 수 있겠다는 생각이 든 순간 서글퍼졌습니다. 10년이 너무 긴 세월이기도 했고, 10년 뒤에도 부족할 수 있겠다 싶었기 때문입니다.

우울한 생각 끝에 묘안이 떠올랐습니다. 꼭 이 꿈을 완벽하게 다 이뤄야만 웰빙 라이프를 살 수 있는 것은 아니었습니다. '직접 농사지은 식재료'가 핵심 단어라면 그것에만 집중하면 될 문제였습니다. 유튜브에는 도시 농업에 관한 수많은 콘텐츠가 있습니다. 그중에 눈을 사로잡은 것은 페트병 하나로 자동 급수 시스템까지 만들 수 있는 상추밭 영상이었습니다. 매일 밤낮으로 바쁘게 사는 사람이 하루도 거르지 않고 물을 주고, 작물을 손본다는 것은 거의 불

가능에 가까운데요. 아니, 자동 급수가 가능하다니요. 게다가 집에 남아도는 생수병을 재활용할 수도 있었습니다.

아이디어에서 실행까지 10일이 걸렸습니다. 그리고 한 달 뒤 직접 키운 상추로 친구 두 명과 샐러드 파티를 열었습니다. 새로운 삶이 시작되는 순간이었어요. 상추는 방울토마토로 이어졌고, 매일 아침 상추와 방울토마토를 바로바로 뜯어서 먹는 라이프 스타일까지 채 두 달이 걸리지 않았습니다. 이토록 쉽게, 원하던 건강한 삶을 살 수 있다니 놀라웠습니다.

돈 줄이기

두 번째는 쓸 돈을 줄이는 것입니다. 주머니 사정에 맞추어 내가 가볍게 써버릴 수 있는 돈으로 시작하는 것이죠. 내가 부담 없이 한 달에 여윳돈으로 쓸 수 있는 돈이 10만 원이라면, 그게 100만 원짜리 프로젝트든 1,000만 원짜리 프로젝트든 10만 원 이내로 예산을 줄입니다. 말이 안 된다고 생각할 수도 있을 거예요. 하지만 발상을 바꾸면 얼마든지 가능합니다. 게다가 사람은 제한이 생기면 그 안에서 예상치 못하게 창의적으로 변하기도 하죠.

장비가 필요하다면 중고 물품으로 시작합니다. 뭔가를 배우고 싶을 땐 원데이 클래스를 이용해서 정말 나랑 잘 맞는지 먼저 확인해 보고, 공부하고 싶은 영역이 있다면 덜컥 학원을 등록하기보다 정보 구독 서비스나 스터디 모임 등으로 간부터 봅니다. 혼자 배우기 부담스러운 가격이라면 같은 걸 배우고 싶은 사람들을 모아서 단체 수업을 꾸리고, 이미 그 길을 걷고 있는 지인이 있다면 부탁해서 체험해보세요. 비수기를 이용해서 할인된 가격으로 예약하는 것도 좋은 방법입니다.

어때요, 거창하지 않죠? 〈노션〉, 〈인스타그램〉, 〈브런치〉, 〈카카오 프로젝트 100〉 등 이미 무료로 잘 쓸 수 있는 플랫폼을 이용하는 것도 추천합니다. 요즘엔 오프라인 모임 이전에 무료 화상 채팅으로 먼저 만나는 것도 좋겠네요. 걷기, 달리기, 스트레칭, 명상, 글쓰기 등 돈이 들지 않고 내 몸과 마음을 이용해서 하는 것부터 시작해보는 것도 좋을 것 같아요.

저의 버킷리스트 1번은 '요트를 타면서 여유로운 바다 라이프 즐기기'였습니다. 어릴 적 꿈이 무의식중에 남아 있었나 봅니다. 버킷리스트를 쓰며 자연스레 요트와 함께하는 라이프를 살고 싶다는 생각이 들었습니다. 그런데 중고차도 한 대 없는 제가 무슨 수로 요트를 살 수 있겠어요. 하지만 우선 쓸 돈을 줄여보기로 했습니다. '요트를 타면서 여유로운 바다 라이프 즐기기'가 전체 문장이라면 여기서 '요트를 타는 것'에만 집중해보기로 했습니다. 포털사이트에 '요트 배우기'를 검색했습니다.

놀랍게도 수많은 아카데미가 검색되었어요. 한국에 이렇게 많은 사람이 요트를 배우고 싶어하는 줄은 전혀 몰랐습니다. 얼마 지나지 않아 모든 과정 중에 가장 저렴한 과정은 한강에서 요트 운항 자격증을 따는 것이란 걸 알게 되었어요. 가격은 고작 29만 원(무려 요트인데!). 게다가 시험에 떨어진다면 붙을 때까지 무료 재수강이 가능한 혁신적인 시스템이었습니다.

이후 저의 요트 라이프는 점점 커졌습니다. 자격증을 딴 이후 조금씩 친구들과 파티를 이어가다, 2016년에는 에어비앤비와 함께 외국인들을 배에 태우고 한강을 여행하는 트립 프로그램을 운영하며 돈까지 벌게 되었습니다. 그리고 드디어 2017년에는 지중해와 태평양을 요트로 횡단하게 되었어요. 29만원이 결국 저의 버킷리스트를 이뤄준 것이죠.

신경 쓰는 마음 줄이기

저의 첫 사이드 프로젝트였던 에어비앤비 이야기를 예시로 들어볼게요. 작은 중소기업을 다니면서 버는 돈으로는 삶의 여러 풍파를 다 겪어내기가 너무 어려웠습니다. 순간 여행을 다닐 때 경험한 룸 셰어가 생각났습니다. 제 집은 말이 투룸이지, 하나는 허름한 창고방이었지만 어떻게든 룸 셰어를 할 수 있을 것만 같았습니다.

직장을 다니면서 매일 체크인 체크아웃을 받는 시스템은 불편했기 때문에 최소 숙박일을 일주일로 하고, 대신 가격을 할인했습니다.

그런데 돈은 없고 시간은 많은 유럽 히피 배낭여행객들이 이 시스템을 더 좋아하고 만 거예요. 최대한 들일 힘을 빼고 신경을 덜 쓰려고 한 건데, 오히려 장점이 된 것이죠. 그들에게는 오히려 이 신경 쓰지 않음이 저의 캐릭터로 느껴졌나 봅니다. 자기들 인생이 개판이라면서 하하호호 웃고 떠들며 같이 지냈던 외국인 친구들이 평점도 후기도 후하게 잘 남겨주었더라고요.

그 이상한 후기가 쌓여 2015년 에어비앤비 코리아 인기 호스트 상을 받고, 한국 대표로 에어비앤비 파리 오픈에 초청되었습니다. 같이 초청받은 호스트들이 저의 이야기를 듣더니 깜짝 놀라더라고요. 에어비앤비 서울 중 가장 열악한 방이었으니까요.

빨리 시작합니다

사이드 프로젝트에서 무엇보다 중요한 것은 빨리 시작하는 것입니다. 이 단순한 이야기의 힘을 지금부터 설명해드릴게요.

회사는 제때 출근하지 않으면 불이익이 있습니다. 본업을 소홀히 하면 밥을 굶을 수도 있고, 직장에서 손가락질을 받을 수 있지요. 하지만 사이드 프로젝트는 말 그대로 본업이 아닙니다. 그래서 하지 않아도 내 삶에 지장이 없고, 누군가 이것을 하지 않는다고 비난을 하지도 않습니다. 그래서 우리의 무의식은 사이드 프로젝트에만큼은 느슨한 데드라인을 주게 됩니다. 꼭 지금 하지 않아도 되기 때문에요.

하지만 머뭇거림에도 근육이 생기고, 느슨함에도 관성이 붙습니다. 대신 시간은 무척이나 빠릅니다. 지나고 보면 그때 했더라면 좋았을 일들만 쌓이고, 남들만 잘되는 것 같습니다. 도대체가 나 빼고는 모두 똑똑한 것 같고, 게다가 그렇게 바쁜 사람들이 미래 준비는 가장 먼저 해놓는 것처럼 느껴져요.

열정에도 유효기간이 있습니다. 지금 번뜩이는 아이디어도, 오늘을 가슴 설레게 할 좋은 기분도, 시간이 지나면 조금씩 사라지기 마련입니다. 불꽃이 한번 튀었을 때 우리는 이 불씨를 소중하게 여겨야 해요. 그러니 이번만큼은 우리도 쇠뿔을 당긴 김에 빼보는 건 어떨까요.

최소한의 화살을 쏘기

이건 내가 정말 해봐야겠다고 생각이 든 사이드 프로젝트가 있다고 가정해봅시다. 하지만 꼭 오늘은 아니어도 됩니다. 그다음 날 해보려고 하니, 하필 중요한 일이 있습니다. 또 그다음 날이 되었는데 웬걸 몸이 너무 피곤합니다. 집에 들어왔는데 손가락 하나 까딱할 힘이 없습니다. 그렇게 하고 싶었던 사이드 프로젝트지만 지금은 다음 주에 시작해도 될 일이 아닌가 싶어졌습니다.

보통은 이렇게 사이드 프로젝트는 흐지부지됩니다. 하지만 이런 식으로 차일피일 미루다간 결코 아무런 일도 내 삶에 일어나지 않아요. 이럴 때는 좋은 방법이 있습니다.

우선 스스로에게 일주일의 시간을 주세요. 그리고 앞의 6일을 아무것도 하지 않고 뭉갰다고 쳤을 때, 마지막 7일째 되는 날은 발부터 천천히 '다음에'라는 늪에 빠지기 시작한다는 느낌이 올 겁니다. 마음은 나른하지만 사실은 위험한 순간인데요. 이 순간 마지막 화살을 힘껏 쏘아보세요. 늪이 내 발은 물론 허리, 목, 얼굴까지 다 삼켰대도 괜찮습니다. 마지막 한쪽 손이 늪에 마저 빠지기 전에 있는 힘껏 화살을 던져보는 거예요.

이것을 '죄책감 효과'라고 부르기도 합니다. 처음부터 너무 타이트한 일정을 주면 프로젝트 시작 자체가 부담스러울 수 있기 때문에 일단은 며칠간 여유를 가지겠죠. 하지만 그 여유 기간이 점점 줄어들수록 몸은 편해도 마음에는 죄책감이 쌓일 거예요. 해야 하는데 안 하고 있는 상황에 대한 부채감이죠. 이 스트레스가 꼭 나쁜 것만은 아닙니다. 시험공부도 벼락치기가 효과적인 것처럼, 일주일 중 마지막 날에 가장 큰 행동력과 효율이 생깁니다. 물론 실제 시험이라면 미리미리 하는 것이 가장 좋지만요.

가장 간단한 방법은 약간의 돈을 쓰는 것입니다. 앞서 말한 상추 재배를 예로 들자면, 상추를 심기로 결심을 했지만 생각만 하고 있다가 6일이 지났을 때 마음 한구석에 작은 양심이 나를 쿡 찌를 겁니다. 어떻게 생긴 불꽃인데, 또 바쁘다는 핑계를 대고 꺼트릴 수는 없다는 마음도 들고요. 이때는 이 찔림을 놓치지 않고 벌떡 일어나 오픈 마켓에서 상추 모종 여섯 개짜리를 주문합니다. 그러고 나서 다시 잊고 지내면 됩니다. 2~3일 뒤면 앙증맞은 상추 모종 여섯 개가 고개를 빼꼼 내밀고 집 앞에 놓여 있을 거예요. 그때부터 시작의 유효기한은 다시 늘어납니다. 새로운 일주일을 보내고 또 한 번 마지막 화살을 쏘는 심정으로 움직입니다. 이 생명을 죽일 수는 없으니 수습을 하기 위해서라도 이 상추 모종들을 이틀 내로 페트병에 담아 심게 될 거예요.

결심 소문내기

한 정치인은 자신이 어떠한 분야를 개척하고 싶을 때, 연설에서 내가 그 분야에 곧 전문가가 될 것이라고 공표한다고 합니다. 그리고 그 분야를 미친 듯이 공부해서 논문을 낸다고 하더라고요. 온 국민에게 말했으니 그 절박함이 얼마나 클까요. 물론 우리가 이렇게 많은 사람들 앞에서 강하게 공표할 일은 잘 없지만요. 가까워서 오히려 더 강력한 파수꾼 역할을 해줄 수 있는 사람들에게 내 결심을 알려보세요. 자주 보는 지인, 가족, 동료들에게요.

첫 번째 책을 낼 때가 기억나네요. 나의 이야기를 글로 묶어 세상에 내놓고 싶었지만, 문제는 책을 어떻게 내는지 전혀 모른다는 것이었어요. 대학생 때 과제로 리포트를 썼던 이후로 글을 써본 적도 없었고요. 사람이 모르면 용감하다고, 무작정 주변의 가까운 지인들을 한 명씩 찾아갔습니다.

영문도 모르는 지인들 앞에서 진지하게 할 말이 있다며 분위기를 잡았습니다. 그리고 이렇게 말했어요. "나 올해 꼭 책을 낼 거야. 만약 내 책이 올봄까지 나오지 않는다면 난 사라져버릴 거야." 묻지도 않았던 사람들에게 황당한 선언을 던졌지요. 이렇게 하면 말에 책임이라도 지려고 더 열심히 글을 쓰지 않을까 하는 생각에서였어요. 그리고 실제로 4월의 봄이 왔을 때 출판사와 첫 책을 계약했습니다. 첫 번째 지인에게 출간 선언을 한 지 정확히 3개월이 지났을 때였어요.

지인들에게 사이드 프로젝트를 시작할 것이라고 소문낸 것이 첫 불꽃을 계속 타오르도록 유지하는 효과적인 땔감이 되어주었습니다. 집에만 오면 그렇게도 느려 터지던 몸이었는데 신기하게도 침대에서 벌떡 일어나 24시 카페로 저를 안내하더라고요. 죽이 되든 밥이 되든 무엇이든 써 내려갔습니다. 그리고 가끔 지인들이 책 출간 사이드 프로젝트는 어떻게 되어가냐고 물어보면, 아주 잘되고 있다고 답했습니다. 주변에서 저를 지켜봐주는 고마운 파수꾼들이 생겨날 때마다 저의 무의식은 더 단단하게 글감을 찾았습니다.

"나는 7일 내에 반드시 프로젝트를 시작할 거야!"

주변에 내 결심을 알리는 것은 강력한 힘이 있습니다. SNS에 내 결심을 알리는 것도 좋습니다. SNS를 통해 어떤 인연이 연결될지 모르거든요. 목표를 구체적으로 알리는 것만으로도 같은 관심사를 가진 고수를 만날 확률도 높아지고요. 매일 아침 눈을 떠서 바라보는 곳에 나의 선언을 써두는 것도 추천해요. 내 결심을 스스로에게도 계속계속 알리는 것이죠. 우선 소문낸 다음 수습하다 보면 그 소문이 생각보다 빠르게 현실이 될 수 있답니다.

사람들을 모으기

사람들에게 내 결심을 알리는 것에서 더 나아가 이번엔 사람들을 모아보세요. 요즘은 누군가 함께한다는 것만으로도 파급력이 있는 시기가 아닌가요. 작게 시작한 모임이 조금씩 커져서 나중에는 업계에서 중요 프로슈머 집단이 될 수도 있고, 마케팅을 할 때 빼놓을 수 없는 채널로 클 수도 있어요. 사람들만 잘 모여 있으면 비즈니스는 자연스럽게 따라올 때도 많고요.

마케터 이승희 님은 SNS에서 짧은 글을 주로 쓰다 보니, 자신의 어휘력과 문장력이 많이 부족해졌다는 것을 알게 됐습니다. 마케터라면 모두 글을 잘 쓰고 싶을 텐데요. 긴 글을 통해 자신의 글 실력을 업그레이드하고 싶었던 그는 자신과 비슷한 갈증을 겪고 있는 마케터 두 명을 더 초대해 매주 목요일 저녁에 함께 글을 쓰는 모임을 만들었습니다. 함께한 약속이기 때문에 아무리 바빠도 그 시간을 꼭 지켰고, 동료들끼리 서로 응원을 많이 해주었다고 합니다. 그 모임은 무려 3년간 이어졌으며, 현재는 온/오프라인에서 더욱 다양한 사람들과 함께하고 있다고 합니다. '목요일 글쓰기' 줄여서 〈목글〉 멤버들은 책도 여러 권 쓰고 함께 독립출판물 페어에도 나가게 됩니다. 이후 이승희 님은 SNS를 넘어 매거진과 신문에 칼럼을 기고하는 칼럼니스트 겸 베스트 셀러 작가가 되어 또 다른 사이드 프로젝트로 그 즐거움을 이어가고 있습니다.

우선은 내가 주최자가 되어서 사람을 한번 모아볼까요. 예를 들어,

스터디 모임을 만들 수도 있습니다. 같은 취향, 고민을 가진 사람을 모을 수도 있고요. 어떤 문제를 해결하기 위해 사람을 모을 수도 있고, 특정 서비스/제품을 만들기 위한 사람들을 모아서 힘을 합칠 수도 있습니다. 온라인이라면 더 좋을 수도 있습니다. 내가 꾸린 모임을 수습하기 위해서라도, 내가 만든 SNS에 좋아요를 누르는 고마운 사람들을 위해서라도 움직이게 될 테니까요.

사람을 모을 수 있는 가장 간단한 채널은 첫 번째, 내 인맥을 이용하는 것입니다. 나만의 비전으로 지인들을 모아봅시다. 이미 서로의 특성을 잘 알고 있고, 연결도 되어 있는 사람들이기에 간편하고 안전하죠. 대신 더 철저한 약속과 목표가 있어야 프로젝트처럼 느껴질 거예요.

두 번째 간단한 방법은 지인들에게 또 다른 지인을 소개를 받는 것입니다.

세 번째는 SNS, 블로그, 브런치 등 개인 채널을 통해 나의 지인과 지인의 지인을 모으는 방법입니다.

네 번째는 온라인 카페, 이벤트 플랫폼, 지역 커뮤니티, 직장인 커뮤니티 등을 통해 불특정 다수를 모집하는 일입니다. 어떤 사람이 올지 모른다는 것은 설렘이자 리스크지요. 때문에 이 중 나에게 적합한 방식을 선택하되, 처음부터 10명 이상의 너무 많은 사람을 모으는 것은 지양합시다.

유명하지 않아도, 친구 많지 않아도 괜찮습니다. 이 넓은 세상에 누군가 몇 명은 분명히 나와 비슷한 관심사를 가지고 있거든요. 게다가 세상은 누군가 대신 일을 저질러주기를 계속 기다리고 있습니다. 그 불꽃을 내가 한번 당겨봅시다. 시작이 창대하지 않더라도 상관없어요. 진짜 나의 진솔한 욕구에서 나온 불꽃이라면, 조금씩 조금씩 사람들에게로 퍼져나갈 거예요.

작은 계약

사이드 프로젝트의 불꽃을 가장 강력하게 옮겨 붙이는 방법이 바로 '작은 계약'을 하는 방식입니다. 사이드 프로젝트를 하기로 한 사람들끼리 서로 약속을 지키자는 작고 귀여운 계약을 할 수도 있고, 동업 계약서를 쓸 수도 있습니다. 더 나아가서는 플랫폼 비즈니스 사업자와 콘텐츠 공급 계약을 맺는 방법도 있습니다. 물론 이때는 어느 정도 구체적인 프로젝트 안이 있어야 하겠죠. 대중들에게 어떠한 프로젝트의 시작을 알리는 모집 공고, 구독 서비스 오픈 등도 일종의 소비자들과의 계약이 될 수 있어요.

작은 계약을 진행할 때는 무조건 지켜야 하는 상황이 만들어지는 만큼 신중해야 합니다. 하지만 그만큼 효과는 분명합니다. 계약 위반이 되지 않기 위해 프로젝트를 어떻게 해서든 성사시켜야 하기

TOKKISSI 지금
X
RUN
한강공원

때문이죠.

크라우드 펀딩 사이트인 〈와디즈〉를 통해 1.4억 원의 수익을 얻은 '라이프쉐어 대화카드'는 한 위스키 회사의 시음회에서 시작됐습니다. 당시 저는 〈라이프쉐어〉라는 대화, 여행, 명상 등을 통해 나를 찾는 리트릿 커뮤니티를 시작했는데요, 사이드 프로젝트로 시작했던 대화 모임이 본업으로 발전한 경우라고 할 수 있어요. 〈라이프쉐어〉는 낯선 사람들과 깊은 대화를 나누는 1박 2일 캠프로 출발했어요. 캠프에 오신 분들끼리 서로 연결되는 느낌을 받으면서, 짧은 시간이지만 굉장한 치유 효과가 있더라고요. 이때의 기억을 떠올리며 언젠가 좋은 대화를 정량적으로 이끌어내는 최고의 대화 도구를 만들어야겠다는 생각을 하곤 했었죠. 다만 그것은 생각일 뿐 언제 현실로 구현될지는 결코 알 수 없었습니다.

위스키 시음회에는 다양한 사람들이 있었습니다. 그곳에서 사람들에게 둘러싸여 있던 와디즈의 이사님과 간단하게 인사를 나눌 기회가 있었습니다. 펀딩을 할 수 있는 친구들이 부럽다는 이야기를 나누며, 나도 사실은 아이디어가 있다는 이야기를 꺼냈어요. 그는 대충 설명을 듣더니 꽤 흥미롭다며 바로 펀딩을 해보자는 제안을 했습니다. 그리고 그 자리에서 했던 작은 약속은 며칠 뒤 굵직한 계약서로 돌아왔습니다.

지나가듯 뱉었던 말이 이제는 꼭 지켜야 할 현실이 되었습니다. 무조건 지켜야 하는 약속이기에 가장 강력한 수를 두었습니다. 그동안 라이프쉐어 캠프에 서너 차례 이상 참여했던 팬 16명을 모았습니다. 사람들의 귀한 시간을 모았기에 어떻게든 책임을 져야 했습니다. 질문과 대화를 사랑하는 우리는 다행히 즐겁게 프로젝트를 진행했고, 3개월이 지나 마지막 4명이 남았을 때 대화카드 100장이 모두 완성되었습니다.

첫 펀딩은 모든 것이 생소해서 힘들었지만, 결과적으로 대한민국에서 가장 인기 있는 대화카드를 세상에 선보이게 되었습니다. 만약 혼자 생각만 했다면 10년이 지나도 제품화는 꿈도 못 꾸었을 거예요. 이후 계약의 힘을 믿게 되었습니다. 안 해도 되는 이유를 만들기보다, '꼭 해야 하는 이유'를 만드는 것이 중요하다는 것도요.

다른 분들은 어떨까요. 매일매일 자신의 수필을 사람들에게 보내는 〈일간 이슬아〉의 이슬아 님은 구독 서비스를 국내에 유행시킨 장본인입니다. 아무도 모르게 자신의 노트에 글을 쓰는 것과 모두에게 공표해서 유료 구독자를 모은 후 글을 쓰는 것은 아주 다른 이야기죠. 우선 구독자와의 약속을 지키기 위해서 정해진 시간에 글을 꼭 써야 하고, 남들에게 보여줘야 하기 때문에 그 퀄리티도 더 신경 써야 해요. 그러면서 콘텐츠 가공 능력도 더욱 향상될 겁니다. 물론 계속해서 구독자가 늘어날수록 채널의 영향력도 더욱 강해질 테고요.

이슬아 님은 연재를 시작한 이후 연재글을 모아 수필집을 내기도 하고, 출판사 설립과 방송 출연 등 다양한 활동으로 자신의 재능을 펼치고 있습니다. 셀프 연재 노동자로서의 자신을 솔직하게 드러내고, 담담하게 자신의 방향과 속도로 나아가는 이 작가를 어떻게 좋아하지 않을 수 있을까요. 사람을 모으고 그들과의 약속을 지켜가며 콘텐츠 메이커는 구독자와 함께 성숙해지고 또한 닮아갑니다.

내가 하고자 하는 사이드 프로젝트에 어울리는 매체 하나를 본진으로 삼아, 꾸준히 업로드를 하고 지켜보세요. 오프라인 모임, 또는 구독 서비스처럼 사람을 모으는 효과가 있을 거예요.

짧고 성실하게 시작합니다

'짧고 + 성실하게'

매우 안 어울리는 조합인 것 같지만 두 단어는 함께할 때 강력한 힘을 발휘합니다. 우선 '짧게'에 대해 이야기해볼까요. 사과 조각은 한입에 베어 먹고, 바나나는 여러 입에 다 먹을 수 있지만, 수박을 한 번에 다 먹을 순 없습니다. 만약 수박을 하루에 혼자 다 먹으라고 한다면 부담스러워서 구매 자체를 안 할 수 있고요. 수박을 쪼개서 먹듯 우리의 사이드 프로젝트도 쪼개서 생각해야 합니다.

만약 사이드 프로젝트가 6개월 이상 지속되어야 하고, 3년 후에나 결과가 돌아오는 등 본인의 기준에 너무 멀고 부담스러운 것이라면 애초에 화살을 쏠 엄두가 안 날지 모릅니다. 하지만 한두 달 단위로 할 수 있는 것이라면, 일주일에 두세 시간 정도 투자해서 할 수 있는 일이라면 마음의 부담이 많이 줄어들겠죠. 설사 그 시간과 비용을 버린다고 해도 큰 부담이 없으니까요. 한 달만 해볼 수 있는 것. 아주 짧은 시간에 해볼 수 있는 단위로 사이드 프로젝트를 바라보는 것이 좋습니다.

누군가는 이왕 무엇인가를 할 거라면 배수의 진을 치고, 1년은 정진해야 하는 것 아니냐고 물어볼 수도 있을 겁니다. 하지만 그런 완벽주의, 거대한 마스터플랜 주의 때문에 하지 못하고 흘려보낸 수많은 나의 과거들을 생각해보세요. 상상력을 너무 키워 겁만 늘리기보다 아주 작은 1단계라도 나아가보는 게 중요합니다.

0과 1은 무한대에 가까운 차이가 있습니다. 춤을 추는 것과 춤을 추는 사람을 보는 것은 천지 차이입니다. 춤을 추는 사람만이 온전히 내 몸과 삶으로 그 감각을 느낄 수 있거든요. 게다가 이 작은 춤 동작 하나가 나중에는 내 삶을 완전히 뒤바꿔놓을지 아무도 모릅니다. 6등분한 수박이라도, 수박은 수박이죠. 우리는 수박을 맛보았습니다. 그것은 수박을 상상만 하는 삶과는 완전히 다릅니다. 짧게 바라보고, 작게 나누어 도전해서 내 삶의 가능성을 더 키워봅시다.

성실함이 필요한 이유

그런데 여기서 중요하게 짚고 나갈 것이 있습니다. 도대체 왜 짧게라도 성실해야 할까요. 사이드 프로젝트를 그저 한번 해보는 체험이나 경험 정도라고 생각한다면, 사실 성실함은 필요가 없습니다. 한번 해볼 용기만 있으면 돼요. 번지점프와 같은 것이죠. 하지만 여기서 말하는 사이드 프로젝트는 이를 통해 인생에서 새로운 가능성을 만들어보고자 하는 사람을 위한 것입니다. 한길로만 달리던 인생에 약간의 힘을 더 내어 또 다른 길 하나를 만들어보고자 하는 거니까요. 이때는 조금 다른 마음가짐이 필요합니다.

나의 부캐가 달릴 길이 나중에는 탄탄대로가 될지도 모르고, 몰랐던 꽃길로 안내할지도 몰라요. 하지만 우선 처음 길을 내는 데는 힘이 들기 마련입니다. 어느 정도의 '성실함'이 필요한 이유가 여기에 있어요.

하지만 본업만으로도 버거운데 사이드로 하는 프로젝트까지 성실히 하라고 하면 벌써 힘이 빠질 수도 있습니다. 이번엔 웹 드라마에서 힌트를 얻어보겠습니다. 매주 한 편씩 공개되어 마음을 졸이게 하는 웹 드라마는 웬일인지 종영이 빠릅니다. 그런데 얼마 지나지 않아 새롭게 불을 지피는 소식이 들립니다. 시즌 2가 시작된다는 것이죠.

좋아하는 캐릭터는 더 많이 나오고, 새로운 갈등 구조도 추가됩니다. 온라인 콘텐츠는 시청자의 피드백을 빠르게 받아, 다음 콘텐츠의 방향을 만들 수 있기 때문에 시즌제의 형태를 많이 띱니다. 이 방법을 사이드 프로젝트에도 적용하면 돼요. 바로 열정의 시즌제를 만드는 것입니다.

열정의 시즌제

우선 내가 도전하고자 하는 일정 기간을 정합니다. 그리고 그동안

만은 성실할 것을 스스로에게 약속합니다. 한 달이면 한 달, 세 달이면 세 달. 자신이 정한 구간 동안 사이드 프로젝트를 성실하게 해보기로 다짐합니다. 일주일에 한 번 수업을 듣는 거라면 꼭 빠지지 않고, 과제도 해갑니다. 유튜브를 시작하기로 했다면, 자신이 정한 횟수만큼 꼭 업로드합니다. 매일 요리를 하거나 운동을 하기로 했다면 매일 꼭 지켜내요.

무조건 이 구간에는 한번 허슬 플레이**Hustle Play**를 해보자는 마음으로 사이드 프로젝트의 속도에 가속을 붙여야 합니다. 게다가 우리에겐 빠른 종료 지점이 있잖아요. 이것을 평생 하라고 하면 절대 못하죠. 하지만 짧게는 한번 해볼 만합니다. 게다가 사이드 프로젝트는 내가 오랫동안 마음속으로 해보고 싶었던 일이고요. 조금 숨이 가쁘더라도, 나를 위해 충분히 의미 있는 구간입니다.

중간중간 현실적인 이유 혹은 이렇게 해서 뭐가 달라질까 하는 의문이 찾아올 수 있습니다. 그러니 애초에 그런 생각이 나지 않도록 일정을 타이트하게 잡아둡니다. 그리고 무조건 시즌 1을 성실하게 끝내봅시다. 이것이 느긋하게 한두 달에 한 번 사이드 프로젝트를 찾으며 1년을 하는 것보다 훨씬 더 프로젝트를 진전시키는 스킬이랍니다.

게다가 '짧은 성실함'은 주변 사람들, 혹은 대중으로부터 콘텐츠를 생동감 있게 보이도록 하는 방법이기도 해요. 잊을 만하면 드문드

문 콘텐츠가 나오는 것보다 정해진 날짜에 촘촘하게 올라오는 것이 사람들에게 더 깊은 인상을 남기기 때문이죠.

나를 위해서, 또 소중하게 시작된 나의 사이드 프로젝트의 불꽃을 위해서라도 늘어지지 말고 짧고 타이트한 성실함을 추구해봅시다. 시즌 1이 끝나면 잠시 쉬었다가, 다시 보완해서 또다시 짧은 시즌 2를 시작하면 되니까요.

RUN
RUN
RUN

독하게 기록합니다

사이드 프로젝트를 제대로 해보려는 사람이라면 기록을 반드시 중요하게 생각해야 합니다. 사이드 프로젝트를 하면서 기록을 하는 사람과 하지 않는 사람 사이에는 큰 차이가 생겨요. 사이드 프로젝트를 일정한 궤도로 빠르게 진입시키는 데 기록보다 효과적인 방법은 없답니다. 내가 나를 기록하고 스스로 칭찬할 때 놀라운 일들이 정말로 빠르게 일어나거든요.

지지자를 얻을 수 있습니다.

지금은 넓고 얕은 것을 추구하는 시대입니다. 사람들은 한 분야의 최고 권위자도 닮고 싶어 하지만, 그들은 너무 멀리 있습니다. 내게 너무 먼 사람 같거든요. 하지만 손에 닿을 듯 조금 앞서가는 인플루언서들은 다릅니다. 내가 생각만 하던 것을 먼저 실천해보고, 그 분야에 있어 나보다 약간의 깊이가 더 있을 뿐이라 생각해요. 완벽하지 않아 보이죠. 그런데 그런 모습이 오히려 인간적으로 보이고, 조금씩 성장해 나가는 모습을 응원하게 되기도 합니다. 왠지 나도 그렇게 될 수 있을 것만 같기도 하고요.

누군가 내가 도전해보고 싶었던 영역에 먼저 초심자의 자세로 경험을 해보고 친절하게 기록으로도 남겨준다면, 이것을 보는 사람은 대리만족을 얻기도 할 거예요. 그렇게 6개월, 1년이 쌓이면 어느새 누군가는 그 분야를 떠올릴 때마다 나를 함께 떠올릴 거예요. 당연히 1년 했다고 전문가는 아니겠죠. 하지만 이제 막 시작하는 사람들에게는 딱 닮고 싶은 롤모델이 될 수 있어요. 기록을 통해 누군가의 롤모델이 되고 응원을 받는 일에 한 발짝 다가갈 수 있습니다.

내 프로젝트의 확성기가 되어줍니다.

세상은 언제나 누군가 일을 저질러주기를 기다리고 있다고 말씀드렸죠. 수많은 매체와 플랫폼, 콘텐츠 수급자들은 늘 새로운 콘텐츠에 목말라 있어요. 나의 기록은 누군가에게 이곳에 새로운 길이 있다는 것을 알리는 단초가 될 수도 있습니다. 그것이 기존에 존재하고 있고, 이미 잘하는 사람이 많은 분야라도 괜찮습니다. '내'가 했다는 것이 다르기 때문입니다.

경기도 시흥시에서 관광 인프라를 만들고 싶은 마을 기업을 컨설팅한 적이 있습니다. 중년 여성 일곱 분이 모여 3년 동안 회의만 했다고 하더라고요. 우리 마을을 알리기 위해 어떤 관광 기업이 필요한지, 무엇을 할 수 있을지를 논의해왔지만 늘 논의에만 그쳤던 것입니다. 컨설턴트로서 제게 내려진 역할은 책상에만 있는 이들을 실제로 움직이게 하는 것이었습니다.

처음에 무슨 회의를 3년 동안이나 했는지 신기했으나, 그들의 회의에 한번 참여해보고 바로 그 이유를 알 수 있었습니다. 각자 지역의 장단점에 대해서 너무 잘 알고, 또 살아온 경험만큼 되고 안 되는 일이 본인들에게 분명했기 때문이었어요. 7명의 인생에서 모두가 된다고 하는 사업은 3년 동안 하나라도 나오기 힘들었죠.

저는 두 팔을 걷어붙이고 작은 것부터 시작해보기로 했습니다. 그래서 무조건 한 달 안에 외국인 도시민박업을 신청해오기로 약속을 받았습니다. 이를 위해 집을 새로 얻거나, 있는 집을 공사하는 것은 반칙이었습니다. 있는 집에 그대로 외국인을 투숙객을 받을 수 있도록 정리하고 구청에 허가를 받는 것이 규칙이었어요. 앞에서 배웠듯, 작게 시작해야 시작이라도 해볼 수 있고, 짧게 기간을 정해야 몸이 움직이니까요.

약속대로 일곱 명 중에 여섯 명이 한 달 안에 외국인 도시민박업 허가를 받았습니다. 관광숙박업이 전무하던 시흥시에서 제 1호~6호 외국인 도시민박업자가 이때 탄생한 것이죠. 3년을 끌어온 일이 한 달 만에 첫발을 떼게 된 것입니다. 첫발을 뗀 후부터는 기록을 강조했습니다.

"이대로만 열심히 해도 용돈도 벌고, 외국인들과 함께 사는 재미난 경험을 하며 살 수 있어요. 하지만 꾸준히 기록하면 우리의 여정은 경력 단절 여성을 비롯하여 누군가에겐 엄청난 희망이 될 거예요. 그리고 그걸로 책을 내고, 인터뷰를 하고, 강연을 다니는 삶을 살게 될지 누가 알겠습니까? 그리니 우리의 작은 도전을 독하게 기록합시다!"

컨설팅을 받았던 일곱 명 중 한 분이 이 모든 과정을 열심히 블로그에 기록했습니다. 이분은 1년이 지나지 않아 신문과 유명 블로그 등에 인터뷰가 실리면서 자신의 도전 과정을 더 넓게 알릴 수 있게 되었는데요. 독하게 기록하라는 말을 속는 셈 치고 실천했더니 너무 재미있는 인생을 살게 되었다며 감사의 인사를 전해오기도 했어요.

이 경우에는 다른 사람이 아니라, 그 지역에 사는 주민이었기 때문에 더 빛나는 콘텐츠였다고 생각합니다. 게다가 사이드 프로젝트를 하는 주체의 기록이 없었다면 아무도 경기도 시흥시에 이토록 의미 있는 도전들이 있었는지 알 수 없었을 겁니다. 이 이야기를 저는 방금 기록으로 남겼습니다. 그리고 책이 되겠죠. 우리의 기록이 누군가에게 어떤 영감이 될지 모르며, 어떤 기회로 이어질지 아무도 모릅니다. 참 신기하고, 재미있는 일이에요. 기록하고, 또 기록해서 우리에게 펼쳐질 새로운 세상에 마음을 활짝 열어둔다면 좋겠습니다.

기록의 주의사항

기록을 할 때는 주의할 점이 있습니다. 너무 완벽함을 추구하면 안 된다는 것입니다. 첫 번째, 어려운 문장이나 내가 모르는 단어로 기록하지 마세요. 기록은 완벽한 문법과 미사여구를 뽐내는 곳이 아니에요. 현장감 넘치는 나의 도전과 일상을 담아내는 것으로 충분합니다. 그래야 더 자연스럽고, 끝까지 기록할 수가 있습니다. 너무 기록에 힘을 들이면 금방 지쳐 마침표를 찍기 힘들어지거든요.

두 번째, 퇴고하지 마세요. 기록을 마쳤다면 그대로 노트북을 덮으세요. 오늘의 감정, 오늘의 기록입니다. 내일 보면 이상할 수 있어요. 하지만 현장의 조각을 모으는 것만으로도 충분히 당신은 최선을 다했습니다. 나중에 다시 보고 이상함을 느끼고 부족함을 느낄지라도 오늘의 날것을 그대로 담아두세요.

너무 하나하나 공을 들여서 완벽한 기록을 남기려고 생각하면, 그것마저 큰 스트레스가 되고 일처럼 느껴질 수도 있어요. 본업에서 추구해야 하는 완벽함은 이곳에서만큼은 내려놓습니다. 게다가 사이드 프로젝트도 아니고, 사이드 프로젝트의 기록입니다. 조금 날림이어도 괜찮으니, 다 기록했다면 뒤돌아보지 말고 노트북을 덮으세요!

기록은 꽤나 고독한 일입니다. 우선 시간을 내기가 어렵죠. 사이드 프로젝트를 한다고 이미 평소보다 내 삶은 타이트해졌을 거예요. 그런데 기록을 위한 시간까지 내려면 대부분의 사적인 시간은 포기하고, 자투리 시간조차 기록에 할애해야 할 것입니다. 그래서 가족, 친구, 지인들과의 시간을 물론, 나를 위한 휴식 시간까지 많이 포기해야 합니다.

그리고 기록을 하는 순간에는 누구도 나를 알아주지 않습니다. 그리고 이 기록이 언제 어떻게 실질적인 보상으로 내게 돌아올지 알 수도 없고요. 마치 알 수 없는 미래를 위해 지금을 희생하는 것 같아 시험을 준비하는 학생이 된 것 같기도 하고, 일상의 빈틈을 빼곡히 사용하느라 체력적으로 버거울 수도 있어요. 그래서 기록은 고독합니다. 그러면서도 꼭 해야 하는 일이에요. 이 고독한 과정이 현재를 열심히 살고 있는 나를 위한 최고의 보답이 될 거라 생각하고 짧더라도 꾸준히 기록해주세요.

결과를 냅니다

앞서 작게, 빨리, 짧고 성실하게, 독하게 사이드 프로젝트를 진행하면서 꾸준함이라는 근육이 생겼을 거예요. 하지만 여기서 근육이 생겼다는 과정에만 의미를 두지 말고 한 걸음 더 나아가볼까요. 부족하더라도, 완성형이 아니더라도 결과물을 내는 거죠. 끝을 보는 거예요.

예술가도 아니고 발명가도 아닌데 어떻게 결과물을 낼 수 있을까요? 생각을 조금만 바꾸면 됩니다. 만약 도예를 두 달 배웠다면 작은 인센스 홀더 정도는 만들 수 있을 거예요. 이름을 붙여 주변에 선물할 수도 있고, 더 나아간다면 작게라도 작품회를 할 수도 있겠죠. 춤을 배웠다면 영상을 찍어서 유튜브에 올려보세요. 운동을 꾸준히 했다면 바디 프로필을 찍어서 달라진 내 몸을 남길 수도 있고요. 목공을 배웠다면 내가 만든 의자에 앉아서 이야기를 나누는 모임을 만들 수도 있습니다. 작은 판매, 발표회, 촬영, 오프라인 모임, 전시, 출판, 미니 아카데미, 인스타그램 부계정 등등 무엇이든 작게나마 할 수 있는 방법은 무한합니다.

꼭 사업자를 내고, 오프라인 숍을 내고, 짠! 하고 멋있게 결과물을 내지 않아도 됩니다. 조금씩 나아지는 내 실력을 본 사람들이 점점 관심을 보일지도 모르거든요. 만약 사이드 프로젝트로 꽃을 배웠다면 내가 처음 만든 꽃다발, 내가 처음 가본 꽃 시장에 의미를 부여하고 축하합니다. 몇 달 전만 해도 꽃과 전혀 상관없던 내가 이제는 꽃을 직접 사서 만들 수 있는 사람이 된 것이니까요.

가만히 있어도 되는데, 남들과 다른 샛길을 하나 판다는 건 때로는 외로운 일이죠. 나의 원동력을 위해서라도, 그동안 아무도 알아주지 않는데 고군분투해온 나를 위해서라도, 또 삶의 즐거움을 위해서라도 결과물을 내보도록 합시다. 특별한 사람의 인생만 박수를 받을 수 있는 건 아니니까요. 스스로에게 인생의 작은 무대를 만들어주는 건 어떨까요. 누군가는 당신의 움직임을 지켜보고 있을지 몰라요.

QUEST

나의 사이드 프로젝트 계획을 정리해봅시다.

퀘스트를 깨려면 이 사실을 최소 ___명의 사람에게 알려야 합니다.

예산 :

예상 소요 기간 :

기록할 플랫폼 :

목표 결과의 단위 :

함께할 사람 :

사이드 프로젝트의 가치 :

ex) 나는 '두 달 안에' '운전면허'를 따는 데 도전하고, 나처럼 운전면허 취득에 두려움을 느끼는 '30대 여성을 위해서' 그 전 과정과 내 감정을 '블로그'에 담겠다.

ex) 나는 '한 달간' '매일 10시'에 휴대폰을 끄고, 나만의 시간을 가질 것이다. 매일 휴대폰을 끄고 09시 59분에 인증샷을 '인스타그램'에 '#디지털디톡스타임'이라는 해시태그와 함께 올리고, 사람들에게서 디지털 기기와의 이별에 대한 '불안감을 없애도록' 한 달 뒤 변화에 대한 내 심경을 올릴 것이다.

LEVEL UP!

작게 시작합니다

빨리 시작합니다

짧게 성실합니다

독하게 기록합니다

결과물을 냅니다

내가 꺼내지 않았다면 존재하는지조차 몰랐을 캐릭터가 여기 생겼습니다. 불과 몇 달 전까지는 상상도 못 했던 일이죠. 작은 도전이었지만 인생에 축하받을 일을 스스로 만들었습니다. 이것은 아주 중요해요. 무언가를 끝까지 해냈다는 성취감과 성공 경험은 다음 사이드 프로젝트의 원동력이 될 테니까요. 좀 더 자세한 이야기는 STAGE 03에서 다뤄보도록 하겠습니다.

RUN
RUN
LEVEL UP!

SIDE PROJECT

STAGE 3

사이드 프로젝트 이어달리기

BONUS
SPECIAL RUN
GO!
SIDE PROJECT
PARK RUN
SIDE PROJECT
CITY RUN

우리는 사이드 프로젝트를 시작하는 스킬을 배우는 것에 많은 노력을 할애했습니다. 사실 사이드 프로젝트는 지금 하지 않아도 내 생계에 문제가 되지 않아요. 오히려 시작하면 시간과 돈, 체력이 소모될 수 있습니다. 게다가 대부분의 피드백은 언제 올지 모르죠.

그러나 사이드 프로젝트를 하지 않았더라면 내 가능성은 영원히 내 마음속에만 존재하는 상상으로 남았을 거예요. 사이드 프로젝트를 통해 비로소 미지의 섬으로의 꿈꾸던 항해가 시작되었습니다.

이번 스테이지에서는 어렵게 뗀 발걸음을 한 발짝 두 발짝 꾸준히, 그리고 효율적으로 옮겨보도록 하겠습니다. 항해가 금방 끝나지 않도록 조금씩 조금씩 앞으로 나아가볼까요.

나보다 상황을 믿자 : 시간

막상 사이드 프로젝트를 시작했으나, 금세 불꽃이 꺼지려 합니다. 의지가 매우 굳은 사람들은 시작과 동시에 계획대로 몸을 움직일 수도 있겠지만 대부분은 그렇지 않을 거예요. 자기 비난에 빠지진 말아요. 대신 꼭 지키고 싶은 약속이나 해내고 싶은 목표가 있다면, 사람보다 상황을 믿어보세요.

나를 더 강하게 묶어둘 상황을 위해 '지그재그 몰입' 방식을 추천합니다. 지그재그 몰입은 본업을 할 땐 본업을 하고, 사이드 프로젝트를 할 땐 사이드 프로젝트에만 완전히 집중하는 방식이에요. 하루 중 두 시간이면 두 시간, 일주일에 하루면 하루, 한 달에 주말 한 번이면 한 번, 사이드 프로젝트에만 집중하는 시간을 만듭니다. 가장 좋은 방식은 사이드 프로젝트를 하는 요일과 시간을 정해두는 거죠. 나머지 시간에는 본업과 나의 책임에 집중합니다.

사이드 프로젝트를 틈날 때마다 하면 좋을 것이라는 생각은 잘못되었습니다. 우리는 멀티플레이를 할 때 능률이 떨어지거든요. 집중도 안 될 뿐더러 어느 것 하나 진도가 나가지 않습니다. 체력이

더 빨리 떨어지기도 합니다. 오히려 사이드 프로젝트 하는 요일이나 시간을 분명히 정해두어야 프로젝트를 꾸준하게 이어나갈 수 있어요.

이는 N잡을 하는 사람들에게는 불문율 같은 룰이기도 합니다. 예를 들어 요일별로 나의 자아를 분리해서 일요일과 월요일은 내 콘텐츠 만드는 날, 화요일과 수요일은 다른 회사에 출근하고 일하는 날, 목요일과 금요일은 내 회사를 운영하는 날, 토요일은 가족에게 집중하는 날로 정하는 거예요. 그러면 요일마다 다른 직업을 가지게 되겠죠.

생활은 심플하게 만들수록 유리합니다. 하루의 일과 또는 일주일의 일정을 심플하게 정리해보세요. '출근하기 전 한 시간, 퇴근 후 두 시간, 매주 일요일.' 이런 식으로 다른 나로 사는 시간을 딱 정해보세요. 그리고 자신과 약속된 시간이 찾아오면 반드시 컴퓨터에 앉거나 약속된 장소로 나를 데려다 놓아요. 이렇게 사이드 프로젝트를 반드시 하는 날을 정해두면 오히려 본업에서도 효율이 올라갈 거예요. 일을 깔끔하게 마쳐야 나의 시간이 보장되거든요.

더불어 당분간은 약속을 줄이는 것을 추천드립니다. 인생에서 두세 달 정도 이기적으로 살아도 별일이 일어나지 않아요. 그리고 내 콘텐츠를 만드는 데 집중합니다. 주변 지인들에게는 좀 더 나아지고 있는 내 모습을 보여주는 것이 오히려 관계에 더 좋을 수 있어요.

나보다 상황을 믿자 : 공간

이렇게 얻은 소중한 사이드 프로젝트를 실행할 시간에는 집중을 위한 최대한의 노력을 합니다. 휴대폰, SNS와 잠시 멀어집니다. 짧은 시간 몰입해야 하기 때문에 불필요한 것은 없앱니다. 가사가 나오는 음악보다는 집중력을 높여주는 ASMR을 들으며 주변의 소음으로부터 방어벽을 세우는 것도 좋습니다.

집에서 하는 사이드 프로젝트

내 집 안에서, 방 안에서 사이드 프로젝트를 해야 한다면 이렇게 해보세요. 처음엔 너무 익숙한 공간이어서 집중이 안 될 수도 있습니다. 아주 작더라도 생활과 분리하여 사이드 프로젝트만을 위한 공간을 확보하면 좋아요.

꼭 별도의 방이 아니어도 좋습니다. 벽 한쪽, 책상 한쪽이어도 괜찮아요. 좋아하는 것들로 채워진 깔끔한 공간을 만들어주세요. 내 취향의 포스터, 패브릭, 엽서 등은 훌륭한 장식이 되어줄 뿐더러, 집의 단점을 가려주어 사이드 프로젝트에 훨씬 몰입하게 만들어요. 조명을 이용하는 것도 추천해요. 내가 좋아하는 조명을 켜는 것만으로도 평소와 확 다른 공간 분위기를 연출할 수 있어요. 식물도 아주 훌륭한 동료가 되어줄 거예요. 집중력도 높여주고요. 마지막은 향입니다. 내가 편안함을 느끼는 아로마 오일을 몸에 톡톡 묻히거나, 홈 스프레이를 뿌려주세요. 매일 만나는 방도 향만으로 다른 곳이 됩니다. 익숙한 집 안 풍경이 새로운 공간으로 바뀌는 순간, 우리는 다시 한번 힘을 내서 사이드 프로젝트를 해낼 겁니다.

부캐의 방이라면 어떤 모습일까 생각하며 공간을 만들어보는 것도 좋아요. 지금 하고 있는 사이드 프로젝트가 무엇이냐에 따라 관심을 가질 색도, 벽에 붙일 엽서도, 조명이나 향도 달라질 수 있거든요. 내가 아닌 부캐의 방을 꾸민다고 생각하면 사이드 프로젝트를 하고 있는 자신의 상황에 훨씬 몰입하게 된답니다.

밖에서 하는 사이드 프로젝트

집이 정리가 안 되어 있어서 밖으로 나갈 상황도 있을 거예요. 그럴 땐 상쾌한 환경을 제공하는 곳으로 이동해봅시다. 카페, 무인 독서실, 도서관, 연습실, 공원, 실내 운동장 등으로요. 좋아하는 공간을 찾아 떠나도 좋고, 집중이 안 될 땐 조용한 공간을 찾아 나서보세요. 오히려 사람이 많은 곳도 때에 따라 추천해요. 사람에 따라 공적인 장소에서 더 집중이 잘되고, 이성적인 결정을 잘 내리는 분들이 있거든요. 왠지 더 열심히 해야 할 것 같고요.

사이드 프로젝트의 영감을 받을 공간으로 가보는 것도 좋아요. 부캐가 작가라면 도서관으로, 화가라면 전시회나 미술관으로 가보는 거죠. 그 공간 안에서 의욕이 마구 샘솟으며 다시 한번 초심을 되찾을 수 있습니다.

이동 중에 혹은 직장에서 잠깐 휴식 시간에 사이드 프로젝트를 하기로 마음먹었을 수도 있죠. '하루에 스트레칭 10분 하기', '스쿼트 30개 하기', '온전히 음악 한 곡에 집중하기', '5분 산책하기', '주변 사람에게 구체적인 칭찬하기', '영어 한 문장 외우기' 같은 사이드 프로젝트라면 틈틈이 엘리베이터를 기다리면서, 지하철을 기다리면서, 점심 먹고 회사 계단에서, 거래처를 다녀오는 길에 등등 밖에서도 얼마든지 행할 수 있죠. 이땐 게임을 한다고 생각해보세요. 만약 엘리베이터를 기다리면서 스트레칭하기가 나의 사이드 프로젝트라면, 엘리베이터 앞에 서는 순간부터 게임이라 생각하고 문이 열리기 전까지 얼른 스트레칭을 하는 거죠. 어때요, 훨씬 재밌게 느껴지지 않나요.

시선을 바꾸면 내 일상 근처에서 얼마든지 나만의 공간과 시간을 만들 수 있습니다. 이제 나만의 공간을 가질 준비가 되었나요? 부담은 적게, 마음은 설레게 해서 사이드 프로젝트 시즌 1을 끝까지 달려가봅시다.

나보다 상황을 믿자 :
사람

사이드 프로젝트를 함께하는 사람과 서로 시너지를 내보아요. 그러려면 핑퐁이 되는 약속이 필요합니다. 서로 다른 영역의 숙제를 해도 괜찮고, 서로 같은 영역이라면 더 좋습니다. 다시 만날 때까지, 혹은 그전까지 해와야 할 숙제를 정하고 꼭 지킵니다. 한번 약속을 지킬 때는 힘들어도 두세 번 계속 지키다 보면 탄력을 받습니다. 지칠 때마다 서로의 도전을 응원하며 일으켜 세울 수도 있고요. 그렇게 우리는 서로에게 훌륭한 러닝메이트가 됩니다.

그러면 사이드 프로젝트는 함께하는 사람과의 약속과 숙제를 지키면서 혼자 할 때보다 훨씬 나아가게 됩니다. 사람을 모아서 어떠한 서비스를 제공하는 형태라면 그들과의 약속을 지키기 위해서 자료를 만드는 것도 이에 해당합니다. 멀리 보지 말고, 다음 주까지 반드시 서로에게 주어진 숙제를 하는 것을 목표로 하세요. 어느새 진도가 많이 나가 있을 거예요.

최근에는 〈챌린저스 — 전 국민 목표 달성 프로젝트〉, 〈카카오프로젝트 100〉과 같이 공동의 목표를 추구하는 사람들을 모아주는 플랫폼들도 상당히 잘 되어 있습니다. 이를 이용해서 이미 모인 동료들 틈으로 들어가는 것도 방법입니다.

사람이 모였다면 꼭 기억할 것이 있습니다. 그 사람들의 시간을 귀하게 여겨야 한다는 거예요. 내 아이디어에 움직여 온 그들은 사실 매우 바쁜 사람들이고, 각자의 삶에서 매우 귀한 사람들입니다. 그럼에도 불구하고 내 작은 비전에 시간을 내고, 몸을 움직여 이곳에 온 사람들인 거죠. 이 사실을 잊지 말고 프로젝트로 함께하는 시간을 귀하게 여겨야 합니다.

기록 × 기록

여기에도 '기록'이 나옵니다. 그만큼 기록은 중요해요. 사이드 프로젝트를 하는 에너지만큼 기록에도 에너지를 쏟아주세요. 기록은 성공의 가장 큰 열쇠이기 때문입니다.

하루하루 쌓아나가는 힘은 절대 무시할 수 없습니다. 게다가 기록은 기록 그 자체가 목표가 될 수 있어요. 그대로 내 이야기를 담은 책이 될 수도 있고, 리포트가 될 수도 있습니다. 내가 찍은 영상으로 유튜버가 될 수도 있고, 내가 공부했던 기록이 교재가 될 수도 있습니다. 또 누군가에게는 아주 소중한 바이블이 될지도 모르죠.

기록은 세상이 나에게 다가오게 하는 통로입니다. 그러니 사이드 프로젝트와 기록이 거의 실시간 공유될 수 있도록 기록을 미루지 말아요. 이 또한 데드 라인과 몰입하는 시간, 요일을 정해서 지킵니다.

여행작가 크루 〈서른, 결혼 대신 야반도주〉 팀은 서른에 가까운 여자 친구 둘이서 훌쩍 떠난 세계 여행기를 꾸준히 블로그에 기록했습니다. 기가 막힌 사진과 전문적인 글은 없습니다. 그저 자신들의 언어로 소탈하고 눈물 나면서 웃긴 글들이 이어졌어요. 매일 찍은 영상을 아주 짤막하게 편집해 SNS에 올리기도 했습니다. 역시 특별한 촬영, 편집 기술은 없었습니다. 그때그때 기록한 현장감 넘치는 영상 조각들을 그들만의 감각으로 이어붙인 것입니다.

그들의 여행 영상은 여러 매체에서 높은 조회수를 기록했고, 한 여행 매체에서는 2018년 가장 인기 있는 올해의 여행 영상으로 뽑히기도 했습니다. 짠내 나고, 허탈하고, 기쁘고, 눈물 나는 그들의 여행은 블로그에 차곡차곡 쌓여갔고 어느새 사람들은 그들의 세계 여행을 응원하기 시작했습니다. 마치 그들과 함께 여행하는 기분을 느꼈죠.

결국 이 팀을 지켜본 출판사에서 『서른, 결혼 대신 야반도주』라는 동명의 제목으로 여행 에세이도 출간하게 됩니다. 그들을 오래 지켜보았던 또 한 분이 있었습니다. 야반도주 팀의 진정성과 콘텐츠 제작 능력을 높게 보고 연락을 한 예능 PD죠. 이후 그들은 청춘들이 미지의 세계로 여행하는 글로벌 여행 프로그램 JTBC 〈트래블러〉를 기획하게 되고, 제작진의 정성 어린 설득 끝에 예능 프로그램 작가가 됩니다. 자신의 여행을 소소히 기록하던 친구들이 배우 류준열, 이제훈의 여행을 기록하고 전 국민에게 여행자의 감성을 선물하게 된 거예요.

꾸준한 기록이 가져다준 가능성의 확장은 놀라웠습니다. 당신의 삶 또한 마찬가지입니다. 꼭 그들과 같은 세계여행이 아니어도 좋습니다. 이제 시작한 작은 도전이 누군가에겐 큰 정보가 되기도 하고, 용기가 되기도 하고, 공감이 되기도 합니다. 그리고 기록은 이처럼 뜻밖의 기회를 가져다줄 것입니다. 아무도 모르는 가능성이란 선물을요.

사이드 프로젝트가 지칠 때 북돋우는 팁

하고 싶은 사이드 프로젝트가 하나 이상일 수 있습니다. 당연한 이야기예요. 이것도 해보고 싶고 저것도 해보고 싶고, 어떤 사이드 프로젝트가 잘될지 누구도 모르는 거니까요. 하지만 여러 사이드 프로젝트를 떠올렸다 하더라도 우선은 그중 가장 해보고 싶은 것, 지금 가장 시급한 것 한 개만 먼저 시작하면 좋겠습니다.

의욕이 과해 한 번에 여러 사이드 프로젝트를 진행하는 것은 오히려 삶을 혼란스럽게 만들 수 있거든요. 게다가 우리는 지켜야 할 본업이 있습니다. 사이드 프로젝트 아이템 세 개를 떠올렸다면, 그중 한 개만 먼저 정하고 진행하세요. 1지망, 2지망 순서에 따라 하나씩 진행하다 보면 어느새 일 년을 아주 알차게 보내고 난 후일 거예요.

목표 다시 보기

사이드 프로젝트에 지칠 땐 처음의 목표를 다시 봅니다. 그리고 내가 했던 결심과 내가 냈던 소문도 반복해서 봅니다. 놀랍게도 저질러놓았습니다. 이제 수습할 기한이 얼마 남지 않았어요. 하지만 지금까지 터무니없는 시간만 보낸 것은 아닐지도 모릅니다. 한번 뒤를 돌아보세요.

중간중간 지난 성과들을 확인해보세요. 지금 이룬 것들은 아무것도 하지 않았던 시절에 비하면 대단한 발전입니다. 더딜지라도 이미 내가 원하는 세상에 들어와 있는 사람이 되었습니다. 스스로 칭찬해주세요. 그리고 내가 원하는 모습에 더 가까워진 만큼, 단기 목표에 대해서 자세히 상상합니다. 그것을 이룬 내 모습을 상상하며, 다시 한번 흐뭇한 미소를 지어보아요.

본캐와 부캐의 우선순위

부캐가 탄력이 붙으며 본캐와 상충할 때도 분명히 올 것입니다. 만약 두 캐릭터를 키우는데 부캐가 더욱 돈이 되거나, 성공할 가능성이 높아진다면, 혹은 정말 찾던 직업이라고 생각된다면, 사실 행복한 고민을 하게 되는 시점이 온 것일지 몰라요. 언제까지 그 두 가지 세상을 공존시킬 수 있을지 최대한 좋은 타이밍을 보고 선택해야 하죠.

가장 안 좋은 상황은 에너지의 동반 하락, 즉 '번아웃'입니다. 하고 싶은 일을 한다고 시작했고, 사람들이 좋아해주니 더욱 신이 나서 달렸건만 이제는 주와 부가 바뀌어서 사이드 프로젝트의 진행을 위해 나를 갈아넣는 상황이 왔습니다. 이때는 부캐뿐만 아니라 본캐에게까지 위기가 찾아올 수 있어요. 부캐를 키우는 데 너무 많은 시간과 에너지가 들면서 본캐와 부캐가 모두 힘들어진 거죠. 혹은 이미 본캐에서 부캐로 갈아탄 상황에서 아예 아무것도 하기 싫은 단계가 올 수도 있고요. 큰일입니다.

이때는 사이드 프로젝트가 지치지 않도록, '안티소셜 **Antisocial**'을 주제로 하는 사이드 프로젝트들을 실천해보자고요. 인스타그램 업로드 제한하기, 10시 이후로는 핸드폰 끄기, 일주일에 잡는 약속 횟수 정하기, 거절하는 연습하기 등 일명 사이드 프로젝트를 위한 사이드 프로젝트입니다.

일주일에 한 번은 꼭 누군가의 부탁을 정중히 거절하는 사이드 프로젝트를 해보는 건 어떨까요. 사이드 프로젝트로 지친 나에게 재충전할 시간을 주는 거예요. 개인적으로는 최근 퇴근 후 휴대폰을 차에 놓고 내리는 사이드 프로젝트를 하고 있는데요, 아침에 일어나서 다시 일터로 가기까지 디지털 세계로부터 해방된 시간 속에서 보낼 수 있답니다. 마음은 조금 불안하지만, 그 시간을 온전히 책을 보고, 명상을 하고, 내 집과 나를 들여다보는 데 쓸 수 있다는 즐거움이 훨씬 커요. 이전에는 〈넷플릭스〉와 킬링타임용 콘텐츠를 보며 보냈던 시간이 이제 나를 가꾸는 시간으로 변화했습니다. 하루가 훨씬 더 차분해지고, 타인의 욕망으로 들뜬 내가 아닌, 있는 그대로 편안한 나로 살고 있어요.

이렇게 사이드 프로젝트는 나의 자아를 강화하는 것뿐만 아니라 내려놓음을 실천하는 방향으로도 얼마든지 이용할 수 있습니다. 하루 10분 글쓰기, 5분 티타임, 휴대폰 두 시간 에어플레인 모드로 바꾸기, 디지털 기기 없이 산책하기, 달 바라보기, 가족에게 안부 묻기, 친구와 깊은 대화 나누기, 명상하기 등의 사이드 프로젝트로요. 이런 의도적 습관들을 리추얼**Ritual**이라고 합니다. 이러한 리추얼을 사이드 프로젝트로 적극 활용하는 사람들도, 이를 장려하는 인증 서비스들도 많습니다. 〈카카오프로젝트 100〉, 〈챌린저스〉, 〈밑미〉, 〈코끼리〉, 〈라이프쉐어〉 등 찾아보면 도움도 얼마든지 받을 수 있죠.

그런데 이렇게 반문하실 수도 있어요. 애초에 사이드 프로젝트를 하지 않으면 지칠 일도 없지 않냐고요. 저는 이렇게 생각해요. 제대로 달려본 사람만이 제대로 쉴 수 있다고요. 그냥 쉬기만 한다면 그 쉼의 달콤함을 제대로 느낄 수 없습니다. 게다가 꺼내지 못한 것들을 품고만 사는 셈인걸요. 하고 싶었던 것을 전부 쏟아내고 그 후엔 쉬어가도록 해요.

쉬어가도 정말 괜찮습니다. 애당초 나라를 구하려고 시작한 일이 아니잖아요. 나를 위해 시작한 일입니다. 사이드 프로젝트가 나를 너무 힘들게 하고, 지치게 한다면 그만두어도 좋습니다. 재미가 없어질 땐 일시 정지를 누르세요. 정체될까 불안하겠지만 사실 이때의 휴식은 꼭 필요한 단계입니다. 오히려 성장의 전조죠. 누구도 뭐라고 하지 않습니다. 이것은 회사 일도 아니고 의무도 아니에요. 내 삶의 우선 순위는 언제나 '나'임을 잊지 말아주세요.

QUEST

사이드 프로젝트를 하기로 한 시간과 날짜를 적어봅시다.

그리고 사이드 프로젝트를 시작한 일주일간의 이야기를 이곳에 기록해요.

요일 :

시간 :

공간 :

지난 일주일간의 단기 목표 :

현재 진행 상황과 성취 단계 :

지난 일주일간의 소감 :

다음 일주일간의 목표 :

일 년의 목표를 세우는 것보다 한 달의 목표를 세우는 것이 좋고, 한 달의 목표보다는 일주일의 목표가 좋습니다. 계획은 짧게 세워서, 집중적으로 실행합니다. 그리고 다시 짧은 계획들을 이어갑시다.

LEVEL UP!

기록이 프로젝트를 살립니다

번아웃이 올 때는 안티소셜!

사이드 프로젝트를 위한 최소한의 작업 공간을 만들어요

함께할 사람, 응원받을 채널을 만들어요

나를 북돋우는 방법을 미리 알아둡니다

여기까지 오시다니 대단합니다. 당신은 이미 멋진 사이드 프로젝터입니다. 사이드 프로젝트로 돈을 벌거나, 인기를 얻지 않았다고 해도 괜찮습니다. 시작하고 목표까지 기록한 당신은 이미 이 책을 처음 읽을 때와는 완전히 다른 사람입니다. 무엇보다 상상을 현실로 만들 줄 아는 사람이죠. 다음 단계에서는 지금까지 소중하게 만든 이 사이드 프로젝트를 어떻게 더 확장할 수 있는지 살펴보겠습니다. 다시 한번 이 스테이지까지 온 스스로를 축하해주세요. 정말 멋진 일이에요!

RUN
LEVEL UP!

SIDE PROJECT

STAGE 4

사이드 프로젝트의 완성을 향해

SIDE PROJECT
10KM
Hard Mode
ITEM
2

EASY MODE　OVERVIEW　STAGE 04

드디어 자신만의 사이드 프로젝트 페이스를 찾으셨네요. 사이드 프로젝트가 안정권에 올랐다면 또 다른 아이디어가 떠오르고 욕심이 생길지도 모릅니다. 우리는 이때 진행하던 사이드 프로젝트를 발전시킬 수도, 새로운 사이드 프로젝트로 넘어갈 수도, 어쩌면 전부 병행할 수도 있겠죠.

이번 스테이지는 대망의 마지막! 사이드 프로젝트를 확장하고 완성하는 스테이지입니다. 실제로 아이디어를 빠르게 실행시켜서 시장 상황을 보는 것을 다뤄보겠습니다. 그동안 쌓은 부캐의 능력치와 업적을 제대로 알릴 기회입니다. 다양한 추천 플랫폼과 사례도 함께 알려드릴 테니 꼭 이용해보세요.

사이드 프로젝트로
'퍼스널 브랜딩' 하기

계획했던 짧은 구간의 사이드 프로젝트를 마쳤다면, 나의 작은 결과물을 보여줍시다. STAGE 02 다섯 번째 스킬, '결과 내기'가 필요한 시점이에요. 물론 대가의 솜씨도 아니고, 신동의 솜씨도 아닐 것입니다. 하지만 작업물이 꼭 위대해야만 남들에게 보여주는 것은 아니라는 걸 이제 우리는 알고 있잖아요. 시즌 1을 끝낸 그 사이드 프로젝트는 시작도 못한 누군가에게는 상당한 경지로 보일 것이고, 또한 희망이 될 거예요. 그리고 주변 사람들에게는 나의 입체적인 매력을 보여줄 기회이기도 하죠.

어떠한 결과물로 나를 드러내는 것이 처음인 분들도 있고, 익숙한 분들도 있을 것입니다. 어떤 분들은 이 방법이 나와 맞지 않다고 생각할 수도 있을 것 같아요.

그런데 사실 사이드 프로젝트에서의 부캐는 평소의 나와 조금 거리가 있어도 괜찮습니다. 본캐와는 또 다른 모습을 가진 제2의 자아를, 자기만의 브랜드를 키우는 것이 사이드 프로젝트의 큰 즐거움이지 않을까요. 오히려 이질성은 브랜드를 더 매력적으로 보이게도 하죠. 우리는 늘 반대되는 스토리를 좋아합니다. 사람들은 공부를 못하던 학생이 공부를 열심히 해서 좋은 성적을 얻고, 열심히 일하던 직장인이 작심하고 놀기로 해서 변화가 생기는 상황을 더 즐거워합니다.

그렇다고 꼭 반대로 가라는 말은 아니에요. 평소의 내 방법과 조금 다르더라도 너무 경계하지 말자는 뜻이죠. 나의 강점을 더 강화해보거나, 혹은 약점을 채워가는 것도 충분히 멋진 사이드 프로젝트가 될 수 있습니다. 영어 공부, 운전면허, 재테크, 다이어트, 직무 강화 등 모든 것들이 사이드 프로젝트가 될 수 있어요. 결과물을 내는 일이나 새로운 부캐의 실험이 그다지 필요하지 않다면, 사이드 프로젝트를 도전하는 나 자신만을 응원해도 좋습니다.

하지만 기록하고 결과물을 내보이는 동안 나는 다이어트 코치로서 발판을 마련할 수도 있고, 30대에 시작해서 영어 고수가 된 사람이 될 수도 있고, 20대에 재테크로 남과 다른 사회 초년생을 경험하는 젊은 금융 블로거가 될 수도 있습니다. 이렇게 발견한 새로운 가능성, 또는 이제야 찾은 것 같은 나의 활력 있는 모습이 마음에 든다면 다음 단계로 넘어가봅시다. 새롭게 찾은 내 모습으로 더 넓은 세상에 발을 디뎌볼까요. 기록을 쌓아나가고, 공유하고, 결과물을 내는 선순환은 사이드 프로젝트 생활에 큰 보상을 줍니다. 바로 '퍼스널 브랜딩**Personal Branding**'이에요.

퍼스널 브랜딩이란 말에는 숨겨진 비밀이 있어요. 마치 내가 직접 브랜딩을 해야만 퍼스널 브랜딩이라고 부를 수 있을 것 같습니다. 하지만 퍼스널 브랜딩은 자신이 직접 하고자 하면, 그 힘이 약해져요. 저마다 잘나고, 멋있고, 자신 있다는 정보는 세상에 너무나도 많습니다. 사람들은 속는 것처럼 보여도 진짜 알맹이가 없는 브랜드를 본능적으로 알아차려요. 브랜드는 나를 지켜보고 있는 타인에 의해 만들어집니다. '발견'을 당하는 거죠.

결과물이 완전히 백화점에 파는 물건처럼 완벽하지 않더라도 괜찮습니다. 사람들은 내가 꾸준히 지켜봐온 사람의 결과물에는 높은 호감도를 보입니다. 완벽하지 않더라도 개성 있는 이야기들이 꾸준히 쌓여갈 때, 우리는 그것을 브랜드라고 부릅니다. 그리고 그 브랜드를 만드는 사람 역시 그 브랜드와 딱 붙어 하나의 브랜드가 됩니다.

게다가 작업물을 내보이는 건 꼭 남들에게 보여주기 위한 이유만은 아니에요. 스스로에게도 달라진 점을 보여주어야 해요. 짧은 구간이었지만 시간과 에너지를 들여 여기까지 온 자신에게도 성취감이라는 선물을 주어야 합니다. 우리는 계획을 세워 가능성을 만들어냈습니다. 작지만 성공을 이루었습니다. 그러니 자신감을 가지고 사람들 앞에서 내 부캐의 업적을 보여주세요.

온라인 전시 - 인스타그램, 영상 제작, 라이브 쇼케이스, 포트폴리오, 홈페이지

온라인이라는 특수성을 이용해 무료로 프로젝트 결과를 다른 사람들이 볼 수 있도록 게시해봅시다. 〈인스타그램〉이나 〈페이스북〉을 이미 사용하고 있는 사람이라면 부계정을 만드는 것도 방법이에요. 더 가볍게 할 수 있는 법은 특정 해시태그를 사용하는 법인데요, 남들이 내 사이드 프로젝트 결과를 알아볼 수 있는 나만의 시그니처 해시태그를 다는 것이죠. #자방의캠핑라이프 #바디프로필 #30일에세이쓰기프로젝트 #1일1채식사진 #주말엔나도출사 #6개월500만원만들기통장공개 #매일3시하늘사진찍기 등 무엇이든 좋습니다.

SNS 라이브 기능을 이용해 미니 쇼케이스나 워크숍을 열 수도 있습니다. 나의 경험담을 이야기할 수도 있고, 무언가 보여줄 것이 있다면 시연회를 열 수도 있어요. 이럴 때는 미리 시간 공지를 하는 것이 좋습니다. 아니면 매주 시간을 정해 무료 라이브를 진행할 수도 있는데요. 예를 들어 '수요일 저녁 9시 초보 요가 선생님과 라이브 홈트 하기', '일요일 오전 비건 빵 만들기 도전' 이런 식으로요. 물론 이런 라이브 영상은 소통을 할 수 있다는 것이 장점이자, 초보자에게는 단점이 될 수 있습니다. 생중계에 부담을 느낀다면 편집을 하여 영상으로 결과를 제작할 수도 있어요. 내가 배운 악기나 춤을 보여주거나, 그동안 배운 내용으로 남들에게 요약 강의를 할 수도 있습니다. 혹은 내가 배운 세상에 대한 트렌드를 알려주는 리포터가 되어볼 수도 있고요.

사이드 프로젝트와 함께하는 내 일상생활, 혹은 여행기를 브이로그로 보여줄 수도 있어요. 세상에 존재하는 거의 대부분의 사이드 프로젝트는 〈유튜브〉와 〈틱톡〉에 짧은 영상으로 올라와 있어요. 잘 못해도, 조금은 서툴러도, 도전하고 부딪히는 캐릭터들이 프로 못지않은 사랑을 받기도 하죠. 스마트폰으로 찍은 영상을 PC로 옮기지 않고도 쉽게 바로 편집할 수 있는 애플리케이션으로는 〈VLLO〉, 〈KINE MASTER〉를 추천합니다.

나의 관심사와 관련된 영상이 이미 세상에 너무 많거나, 너무 없어도 괜찮습니다. 완성도 높은 영상으로 프로 유튜버가 되어도 좋겠지만, 우리의 1단계는 우선 서툴더라도 결과물을 올리고 사이드 프로젝트를 제대로 마치는 것이니까요. 하지만 다른 초보 유튜버들보다는 훨씬 유리할 것입니다. 이미 우리는 시즌 1을 끝낸 콘텐츠가 있기 때문입니다.

상품 출시 - 프리마켓, 선물

온라인 전시보다 조금 더 적극적인 방법은 결과물을 작은 상품으로 만들어보는 것입니다. 결과물을 내는 것과 상품을 만드는 것에는 꽤 큰 차이가 있습니다. 그전까지는 학생 혹은 체험자의 자세였다면, 지금부터는 생산자의 자세가 되기 때문입니다.

나 같은 초보가 만든 상품을 누가 살까 싶지만, 내가 만든 제품은 내가 만들었기 때문에 다른 사람이 만든 것과는 다른 스토리가 있습니다. 부족하더라도 액자에 넣고, 포장하고, 이름과 이야기를 넣어서 상품으로 만들어보세요. 기성품으로 판매하는 봉투나 박스에 포장까지 하고 내 이름이나 가상의 브랜드가 붙은 스티커까지 붙이면 그럴듯한 상품이 된답니다. 작은 정성을 더했을 뿐인데 훨씬 큰 가치가 붙을 거예요.

처음부터 판매하기 번거롭고, 용기가 없어서 망설여진다면 지인들에게 선물로 전하는 것도 방법입니다. 스토리와 가치를 알아본 지인들이라면 다음에 재구매를 요청할 수도 있고, 주변에 내 상품을 필요로 한 사람이 있다면 연결해줄 수도 있을 거예요. 내 이야기와 순수한 마음이 가까운 누군가에게 닿았을 때, 세상은 생각보다 빠르게 나에게 다가옵니다. 게다가 상품으로 준비하면서 그간의 배움이 정리되고, 더 빠르게 성장할 수도 있답니다.

그렇게 한두 번 선물하면서 피드백을 들으며 발전한다면 또 다른 기회도 찾아볼 수 있습니다. 크고 작은 프리마켓에 내 상품을 들고 참여하여, 직접 고객을 만나 내 이야기가 담긴 상품을 판매하는 거죠. 이러한 고객 접점에서의 판매 경험은 큰 자산이 됩니다. 이런 피드백이 모두 더 큰 공부가 되고, 프로로 가는 자양분이 됩니다. 더불어 이런 성장 과정의 기록 모두가 추후 비즈니스로 나아갈 때 마케팅 재료로 활용될 수도 있으니, 얼마나 다양한 가능성이 생기는지 몰라요.

예를 들어 저는 올해 그동안 저에게 많은 것을 주었던 멘토 대표님들을 찾아뵈었습니다. 대부분 사회에 좋은 일을 많이 하는 분들이었지만, 조직과 고객을 챙기느라 늘 자신은 뒷전인 분들이었습니다. 그분들께 이번에는 제가 선물을 드리고 싶었습니다. 제가 줄 수 있는 가장 값진 것은 움직임으로 몸과 마음을 돌보는 '액티브 명상'이었습니다. 액티브 명상은 인도 여행을 갔다가 그 즐거움에 반해 자격증까지 취득했던 저의 사이드 프로젝트였죠. 짧지만 깊은 휴식을 선물하기로 마음먹었습니다. 순전히 대가 없이 드리고 싶다는 마음이었지요.

먼저 열 분 정도를 떠올렸고, 찾아가는 명상 선물을 한두 분씩 드렸습니다. 모두 반갑게 맞아주셨고, 현장 반응이 꽤 괜찮았습니다. 명상 센터나 상담 센터를 찾을 시간이 없는 분들이었기 때문에 이렇게 찾아오는 테라피 선물이 매우 귀하게 느껴지셨나 봅니다.

그런데 곧 놀라운 일이 생겼습니다. 여섯 번째 분에게 명상 선물을 드리기도 전에 이미 제게 선물을 받으신 분들이 자신의 지인들에게 제 명상 선물을 주고 싶다고 연락이 온 것입니다. 명상을 배우고 싶다는 일념으로 시작한 사이드 프로젝트는 〈1:1 명상 테라피〉라는 무형의 무료 선물이 되었고, 이는 빠르게 유료 서비스로 전환이 되었습니다.

얼마 전까지는 명상을 배우는 학생이었는데, 이제는 생산자가 되었습니다. 책임감 있게 더 공부하게 된 것은 물론이고, 현장에서 전문가들도 많이 만났어요. 순수하게 주변 사람들에게 선물을 전하던 사이드 프로젝트가 상상도 못한 비즈니스의 기회로 돌아온 것이죠.

독립 출판

그간의 기록을 모아 출판에 도전할 수도 있습니다. 그동안 눈여겨봤던 출판사에 투고해볼 수도 있겠지만, 훨씬 단출하게, 원하는 때에 '독립 출판'으로 내 책을 만들 수도 있어요. 최근에는 개성 있는 독립출판물들이 역으로 출판사에서 재출간되는 경우도 많고요.

내 손때가 묻은 기록과 사진, 혹은 그림으로 독립 출판에 도전해보는 건 어떨까요. 그때 낼 수 있는 이야기는 또 그때 출간되어야 하거든요. 최근에는 적은 부수도 인쇄해주는 곳들이 많고, 독립출판물을 홍보할 수 있는 크고 작은 페어들도 많이 생겨나고 있습니다. 내 손으로 내 콘텐츠의 처음과 끝을 만들어보세요. 충분히 할 수 있습니다. 최근 스무 장 안팎 분량의 PDF 출판도 빠르게 시장이 확대되고 있다고 해요. 간단한 작품으로 읽는 사람에서 쓰는 사람이 되어보는 거죠. 이제 사이드 프로젝트의 결과물로 콘텐츠 생산자의 삶을 살아보세요.

자격증 및 대회 응시

내가 도전했던 사이드 프로젝트가 자기 계발과 관련된 것이었다면, 자격증 시험에 도전하는 것도 결과물을 내는 좋은 방법입니다. 어쩌면 자격증이야말로 가장 도전하기 쉽고 뚜렷한 결과물일 수 있습니다. 어학, 직무 관련 자격증, 면허 등등 다양한 결과물을요. 운전면허뿐이던 내 이력서에 무언가 색다른 게 추가되는 기분도 매우 뿌듯할 거예요.

아마추어 대회에 나갈 수 있는 종목이라면 대회에 응시해보세요. 그동안 운동을 열심히 했다면 달리기 대회, 서핑, 배드민턴 대회 등에 나가서 기록을 낼 수도 있습니다. 만들기를 배웠다면 아마추어 심사에 나갈 수도 있습니다. 맥주 만들기, 작곡, 공예, 요리 등 분야는 무궁무진해요.

이런 대회나 시험에 도전하는 것은 삶을 더 설레게 만들어요. 대회까지 나가봤다는 또 하나의 스토리가 생겨나고, 목표를 위해 나를 가꾸는 과정 자체로 건강해지는 나를 발견하게 될 거예요.

채널 운영 - 구독 서비스, 유튜브, 팟캐스트, 홈페이지

나의 경험과 배움을 바탕으로 콘텐츠를 제작해서 정기적으로 업로드할 수도 있습니다. 아예 사이드 프로젝트를 시작하는 처음부터 모든 것들을 기록에 담는 채널을 만들 수도 있고요.

정기적인 품이 든다는 면에서 일회성으로 결과물을 내보내는 이전과는 차이가 있습니다. 그러면서도 내 콘텐츠가 어딘가에 꾸준히 쌓인다는 점에서 결과물을 내보이는 가장 적극적이면서 효과적인 방식입니다. 〈유튜브〉와 〈팟캐스트〉와 같은 플랫폼들은 이미 유저들이 많이 있기 때문에 구독자 유입이 잘 되는 편이에요.

또한, 나의 인사이트를 바탕으로 매주 한두 편의 글이나 정보를 보내주는 구독 서비스를 만들 수도 있습니다. 내게 필요한 정보나 관심 있는 이야기를 잘 큐레이팅해준다면 내 콘텐츠를 구독할 사람들은 분명히 있어요. 적은 숫자로 시작해서 마니아를 키우는 것도 좋은 접근 방식입니다. 관련 테마나 콘텐츠에 순수하게 관심이 있는 50명의 팔로워들은 불특정 다수 10,000명에게 뿌리는 광고보다 훨씬 높은 전환율이 있답니다. 처음부터 잘될 거라는 큰 기대보다는 이 또한 사이드 프로젝트라고 생각하시고, 작게 시작해서 시즌1까지 짧고 성실하게 진행하시길 바라요.

초반 충성도 높은 팔로워들을 유입하여 채널을 운영하게 되었다면, 약속된 시간에 꼭 콘텐츠를 올리는 성실함이 있어야 해요. 물론 사이드 프로젝트 특유의 힘을 빼고, 나만의 캐릭터로 가는 것은 절대 놓치면 안 됩니다. 하지만 여기까지 기존의 사이드 프로젝트 공식과 같았다면, 채널 운영에서는 소통도 중요합니다. 콘텐츠를 소비하는 분들과 적극적으로 소통해주세요. 내가 좋아하는 라디오 채널의 DJ가 내 사연을 읽었다고 상상해보면 소통이 얼마나 중요한지 느낄 수 있어요. 구독자가 이 채널과 함께 커가는 느낌을 받는 순간, 기꺼이 당신의 홍보대사가 되어줄 거예요.

간단하게 시작된 나의 사이드 프로젝트는 이제 하나의 채널이 되었네요. 힘을 얻게 되면서, 책임감도 느끼게 되는 순간이 올 것입니다. 또 어느 순간에는 실망도 할지 몰라요. 채널 운영은 품이 많이 들지만 피드백이 항상 좋은 것도 아니니 당연히 지칠 수 있어요. 이럴 때는 역시 초심을 기억하세요. 내가 이 일을 왜 시작했고, 얼마나 좋아했는지를요.

사이드 프로젝트 그 자체가 즐겁거나, 내게 다가올 부가가치가 충분하다면 계속해서 콘텐츠를 쌓아가세요. 하지만 이제는 배보다 배꼽이 더 커져서 힘들다면, 시즌 1을 끝내고 잠시 검토의 시간을 가지면 됩니다. 잊지 말아요, 사이드 프로젝트는 본업이 아니라는 것을요.

게다가 나를 또 즐겁게 해줄 다른 사이드 프로젝트들도 얼마든지 많습니다. 이미 충분히 배웠고, 앞으로를 위해 에너지를 아껴도 좋습니다. 사이드 프로젝트는 내 삶을 건강하고 즐겁게 해주는 친구이지, 생존을 걸고 이겨내야 할 대상이 아니에요. 즐겁고 가볍게, 그렇지만 진심을 다할 때 그 에너지가 더 좋은 선순환을 불러올 것입니다.

꿈꾸던 세상이나 바라던 사람을 만나는 건 어렵다고 생각될 때가 많아요. 왜냐면 나뿐만 아니라 너무 많은 사람이 그 세계를 만나고 싶어하기 때문이죠. 하지만 그 세계가 나를 좋아하면 문제는 너무 쉬워집니다. 퍼스널 브랜딩은 이런 힘이 있습니다. 최고의 마케팅은 영업하지 않아도 고객이 물건을 사고 싶어 하게 만드는 것이라고 해요. 개인 브랜딩도 마찬가지임을 잊지 말아요.

그리고 꼭 누군가 나에게 다가오지 않아도 사실 상관없습니다. 이미 나는 내가 부러워하던 내가 되었기 때문입니다. 내가 나를 자랑스럽고, 멋있게 생각할 수 있다는 것. 이것만으로도 충분히 사이드 프로젝트는 성공인걸요.

사이드 프로젝트로 '비즈니스' 하기

우리는 이미 마음속 깊은 곳에만 있던 내 모습을 부캐의 모습으로 꺼내보았습니다. 이제는 내 꿈을 실현해보는 것, 자기 만족을 위한 경험을 넘어가볼게요. 앞으로 내 삶의 새로운 경제적 지평을 열어줄 수도 있는 '비즈니스'로의 사이드 프로젝트 접근법을 소개합니다.

이는 부업과 비슷해 보이지만 많이 달라요. 이미 존재하는 비즈니스나 판에 내가 들어가는 것이 아니라, 내 필요에 의해서 사업을 창조해내는 것이기 때문이죠. 앞서 퍼스널 브랜딩으로 확인했던 사이드 프로젝트 접근법으로 새로운 사업적 가능성도 만들어보세요. 결국 각자가 개인 브랜드가 되고, 1인 사업자가 되는 시대. 우리도 할 수 있어요. 사이드 프로젝트가 있으니까요.

내 안의 강렬한 니즈를 찾습니다

하루를 뒤돌아봅니다. 사이드 프로젝트로 시작하는 비즈니스에서 가장 크고 소중한 자산은 바로 내 인생입니다. 나의 일상에, 나의 한 달에, 나의 평일에, 나의 주말에, 나의 몸에, 나의 아침에, 나의 저녁에 내게 정말 필요한 것이 무엇이었나 생각해봅니다. 생각이 잘 안 난다면, 잠시 화났거나 답답했던 순간들을 생각해봅니다. 그 안에 무엇이 없었는지를 생각해봅니다. 그리고 나에게 꼭 필요했던 것을 찾아냅니다.

나의 니즈를 찾는 것은 비즈니스의 매우 중요한 시작입니다. 사업을 할 땐 확실한 고객 인사이트가 있어야 하고, 그 인사이트의 확신은 내 삶에서 나옵니다. 내가 직접 경험해봐서 답답한 것만큼 분명한 필요는 없으니까요. 내가 필요했다면, 분명히 이를 필요로 하는 사람은 또 있을 거예요. 나는 내 비즈니스의 첫 번째 고객임을 기억하세요.

만약 내 하루에서 어떠한 강렬한 필요를 찾기 어려웠다면, 우선은 그대로 두세요. 억지로 찾지 마시고, 내 일상에서 서서히 발견하세요. 진정성이 가장 중요합니다.

세상에 없던 것을 찾습니다

내게 필요했던 것들 중에 세상에 없는 것을 선택합니다. 세상에 없다는 것은 그것부터 이미 경쟁이 없는 시장이라는 뜻입니다. 나의 니즈를 충족시켜줄 제품, 서비스가 세상에 존재하는지는 검색 몇 번이면 금방 알아낼 수 있습니다. 세상에는 이미 존재하고 있는 것들도 있을 것입니다. 하지만 분명히 없는 것이 있습니다. 하지만 내게 꼭 필요한 것이 세상에 없을 때 드는 의심이 있습니다.

'세상에 없다는 건 다 그만한 이유가 있을 거야. 뭔가 안 될 만하겠지.'

이런 생각은 사이드 프로젝트의 시작을 머뭇거리게 하는 사념일 뿐입니다. 안 될 핑계를 찾으면 수없이 많지만, 또 될 핑계를 찾으면 얼마든지 있습니다. 사이드 프로젝트 정신을 잃지 마세요. 우리는 잃을 것이 별로 없습니다. 작게 생각하고 몸을 가볍게 해서 빠르게 움직여 시즌 1을 마치면 됩니다.

그래도 논리적 이해가 필요하다면 '마켓'을 한번 살펴보세요. 나의 니즈는 있지만, 이제 막 사람들에게서 생겨나는 새로운 욕구라서 그것에 대응해줄 서비스가 없는 것일 수도 있습니다. 이 경우에는 내가 시장을 선점할 가능성도 그만큼 높다는 뜻이기 때문에 매우 좋은 상황이에요. 그것도 아니라면 시장성이 아직 검증이 되지 않았거나, 마켓 사이즈가 작아서 다른 기업들이 들어오기 전일 수도 있습니다.

어떤 것이 되었든 내게는 손해 볼 것이 없습니다. 내가 이것에 도전한다고, 많은 투자가 들어오거나 내 삶의 본질이 흔들릴 일도 없기 때문입니다. 적어도 내 삶에 필요한 것 하나는 충족될 것입니다. 그런데 과연 그것이 내게만 의미 있는 충족일까요? 사람은 그렇게 많이 다르지 않습니다. 내게 필요했다면 누군가에게도 필요한 것일지 몰라요. 심지어 내게 존재하는 줄 몰랐던 어떠한 욕구일지라도, 그것을 멋지게 충족시켜주는 새로운 제품이라면 소비자는 따라올 것입니다. 믿지 못하겠다면 갑자기 홈쇼핑을 보고, 우연히 크라우드 펀딩 사이트나 편집샵에 들어가 평소 생각지도 못했던 물건에 관심을 가지는 나를 돌아보세요. 우리는 더 용기를 가져도 됩니다.

나의 니즈가 이미 비즈니스로 존재한다고 해도 완전히 가능성이 없는 것은 아닙니다. 세상에 존재하지 않았다면 가장 좋겠지만, 그것이 아니어도 얼마든지 기회는 있어요. 원래 있는 걸 더 싸게, 더 편하게, 더 건강하게, 더 사회적으로 의미 있게 만들어도 충분히 사업적 사이드 프로젝트의 가능성이 있습니다.

작게 기획합니다

어차피 모든 사람을 대상으로 비즈니스를 할 수는 없습니다. 사이드 프로젝트를 처음 시작할 때와 마찬가지로 작게 시작합니다. 우리의 비즈니스가 호텔을 만들고 백화점을 만드는 것은 아니니 괜찮아요. 틈새 니즈를 충족시키는 아이템이면 충분합니다.

작게 기획하는 것은 또 다른 마케팅 효과가 있습니다. 나의 작은 욕구에 집중해서, 이를 해결해주는 매력 하나를 강조하면 그것이 바로 콘셉트가 됩니다. 이것저것 다 완벽하게 하려면 기성 제품이나 서비스를 따라가기가 어렵습니다. 이것저것 여러 개 합친 것보다 하나가 더 낫다면, 그 하나에 집중하면 돼요.

나의 전문성을 접목합니다

우리는 사이드 프로젝트를 만들기 이전에 이미 많은 일을 해왔습니다. 그것이 나의 자아실현 욕구에 맞지 않고, 그저 돈을 벌기 위한 일이었대도 좋습니다. 평범한 일도 좋습니다. 사회적 영향력이 있는 일이 아니고, 혼자 해왔던 일이어도요. 일을 해보지 않은 학생이어도 괜찮아요. 무엇이 되었든 내가 어떠한 길을 걸어왔다면, 또 어딘가 특이한 '나'로 살아왔다면 거기에는 일련의 숙련도, 전문성, 스토리가 있습니다. 그 스토리와 전문성을 사이드 프로젝트에 접목해보세요.

예) GS 편의점 아르바이트 3년 차가 만드는 방부제 없는 삼각김밥

예) 빠르게 성장한 스타트업에서 7년 차 기획자가 만든 조직 문화 시스템

예) 춘천대 4학년이 만드는 춘천 맛집 지도

예) 밀가루를 못 먹는 빵순이가 만든 글루텐 프리 빵집

예) 사무직 10년 차가 만드는 가성비 텀블러

예) 배달앱 1등 기사님이 만든 오토바이 안전 운전 유튜브

예) 채식주의 회식 애호가가 만든 팝업 채식 바

나의 스토리와 인사이트, 전문성이 담긴다면 그것만으로도 더 매력적인 제품이 됩니다. 진정성과 더불어 신뢰를 더 줄 수 있기 때문입니다.

이름을 짓고 아이디어를 알립니다

아직 시제품이나, 서비스를 시작하지 않아도 좋습니다. 이름을 만들고, 아이디어를 알립니다. 사이드 프로젝트와 동시에 브랜드를 생각한다는 것은 취미와는 다른 이야기입니다. 앞으로 계속 뻗어나갈 것이 목표이기 때문에 이름을 짓는 것은 꽤 중요합니다. 이름을 짓는 것은 어려울 필요가 없습니다. SIMPLE IS BEST! 누구나 직관적으로 이해할 수 있는 이름이 좋아요. 거기에 내가 해결하려는 문제의 본질이 들어 있으면 더 바랄 게 없어요.

이혜미 대표님은 어머니가 직접 양봉한 꿀에 아이디어를 접목해 딱 한입에 빨아 먹기 쉬운 스틱형 꿀을 출시했습니다. 이 브랜드의 이름은 〈꿀빠는시간〉입니다. 누군가에게 꿀 빠는 시간을 선물하거나, 사람들에게 꿀 빠는 시간이 있었으면 좋겠다는 의미를 담았다고 해요. 제품의 진정성을 쉽게 전하면서도 한 번 들으면 절대 잊을 수 없는, 2030에게 어필하기 좋은 이름이에요.

〈스타트업 여성들의 일과 삶(이하 스여일삶)〉은 페이스북 기반의 여성 중심 스타트업 커뮤니티입니다. 김지영 대표님은 스타트업에서 여성으로 일하며 고민이 많았지만, 고민을 나눌 사람도 없었다고 합니다. 그래서 스타트업에 종사하는 여성들을 연결하고, 대화를 나눌 창구를 만들고 싶다는 마음으로 〈스여일삶〉을 시작했습니다. 이 또한 자신의 니즈와 갈증, 그리고 커뮤니티의 주제까지 담은 이름인데요, 이후 2018년 페이스북 커뮤니티 리더십 프로그램FCLP에 국내 유일하게 선정되면서 규모가 커지고 있어요.

사업을 준비하는 데 있어 아이템을 미리 알린다고 하면 놀랄 수도 있어요. 하지만 비슷한 생각은 이미 많은 사람이 하고 있을지 몰라요. 우리는 빠르게 사이드 프로젝트를 진행하고자 합니다. 이때는 내 아이디어를 얼른 알리는 것이 실행에 큰 동기를 부여해요. 더불어 내가 몰랐던 나의 인적 네트워크 안에서 또 다른 전문가를 만나게 될지도 모릅니다. 그러니 두려워하지 말고 널리 내 아이디어를 알리세요.

디자인에 신경 씁니다

아무리 가볍게 하는 사이드 프로젝트라고 하더라도, 디자인만큼은 신경 써야 합니다. 아마추어로 시작한 건 맞지만, 나의 프로젝트를 보는 잠재 소비자들은 내 사정을 알 수 없으니까요. 디자인은 나의 서비스/상품을 세상에 알리는 첫 관문입니다. 또는 수많은 세상의 정보 속에서 클릭을 유도하는 간판이 되어주지요. 그렇기 때문에 디자인에는 반드시 공을 들이는 게 좋아요. 당연히 사진과 로고도 마찬가지입니다.

〈로고샵〉과 같은 모바일 어플리케이션에 들어가면 무료 또는 저렴한 비용으로 멋진 로고와 굿즈를 만들 수 있습니다. 스티커로 인쇄하여 기성 박스나 봉투에 붙이면 바로 그럴듯한 브랜드가 됩니다. 가장 간단하게 제품을 디자인하는 방법이에요.

이제 사진을 멋있게 찍어볼까요. 기술이 없어도 상관없습니다. 〈크몽〉, 〈숨고〉와 같은 재능 공유 플랫폼에서 나의 사이드 프로젝트 사진을 멋있게 찍어줄 포토그래퍼, 멋있게 디자인해줄 웹/편집 디자이너, 영상 전문가, 일러스트레이터들을 얼마든지 만날 수 있습니다. 본인이 평소에 관심을 두고 팔로우하고 있던 디자이너가 있다면 직접 이메일이나 DM을 보내보는 것도 방법입니다.

만약 내가 드로잉이나 디자인 능력이 있다면 직접 하는 방법이 가장 좋습니다. 이미 앞선 사이드 프로젝트를 하면서 잘하지는 못해도, 개성 있는 나의 손 느낌을 꽤 많은 구독자들이 좋아해주셨을 것입니다. 완성된 느낌이 아니더라도 나의 장점이 나의 디자인이라면 당연히 그것을 전면에 내세워보세요. 개성 있는 글씨와 그림으로 많은 사랑을 받는 김규림 님의 책 『뉴욕규림일기』 처럼요.

무조건 홈페이지부터 만들지 않습니다

내가 시작하는 사이드 프로젝트가 아무리 준비되어 있다고 하더라도, 처음부터 홈페이지를 만드는 데 너무 공을 들이지 않습니니다. 고객과 히스토리를 먼저 만들어야 합니다. 캠페인 단위로 고객과 함께 사이드 프로젝트를 도모해볼 플랫폼은 얼마든지 많습니다. 〈카카오프로젝트 100〉, 〈프립〉, 〈남의집 프로젝트〉 등의 플랫폼을 추천합니다. 이곳에서 홈페이지 이전에 내 진짜 고객을 먼저 만나보세요.

〈카카오프로젝트 100〉은 100일 단위로 특정 행위를 함께 지속해서 하고 인증을 할 수 있는 플랫폼입니다. 이곳에서 호스트가 되어 내가 준비하는 서비스를 먼저 테스트해보세요. 꼭 유료 프로그램만이 유의미하다는 생각은 잠시 넣어두자고요.

이렇게 이미 많은 유입이 있는 거대 플랫폼에서 나의 서비스를 실험해본다면, 혼자 개인 채널에서 하는 것보다 초기 고객을 훨씬 더 많이 만날 수 있습니다. 게다가 서비스를 내어놓기 전에 피드백을 받을 수 있고, 약간의 돈도 벌 수 있죠.

꼭 홈페이지가 필요한 사이드 프로젝트의 경우에는 너무 많은 공을 들이기보다, 서버 비용이나 개발 비용이 들지 않는 플랫폼을 쓰길 바랍니다. 적은 용량이지만 무료 호스팅을 제공하는 서비스들도 있습니다. 그중에서는 〈네이버 modoo!〉를 추천할게요.

제품 이전에 브랜드가 있어야 하고, 브랜드 이전에 커뮤니티가 있어야 합니다. 사이드 프로젝트와 기록을 잘 따라오셨다면 이미 당신을 응원하고 있는 소규모의 커뮤니티가 형성되어 있을 것입니다. 갑자기 제품을 만들기보다 나의 장점을 활용해서 충분히 커뮤니티 단계를 즐겨보세요. 커뮤니티가 형성된 다음에 출시되는 당신의 브랜드와 제품/서비스는 그렇지 않은 곳보다 훨씬 더 큰 초반 경쟁력을 가지게 될 테니까요.

크라우드 펀딩

앞선 플랫폼들에서 먼저 나의 고객들을 만나고, 히스토리를 쌓았다면 조금 더 적극적으로 비즈니스를 펼쳐봅니다. 크라우드 펀딩**Crowd Funding**을 이용해서 세상에 나의 프로젝트를 알리는 것입니다.

크라우드 펀딩은 아직 세상에 존재하지 않는 제품의 이야기에 미리 펀딩을 하고, 그 제품이 제작되었을 때 남들보다 빠르고 더 좋은 혜택을 받아볼 수 있는 구조로 되어 있습니다. 국내에서 대표적인 곳은 〈와디즈〉와 〈텀블벅〉이 있는데요. 결이 조금 다르니 사이트에 접속해 이미 펀딩된 여러 프로젝트들을 보며 내게 맞는 플랫폼을 선택해보세요.

그래도 어렵게만 느껴진다면, 크라우드 펀딩 플랫폼에서 진행하는 교육을 한번 들어보는 것도 추천해요. 〈와디즈 스쿨〉에선 식품, 공연, 강연에 이르기까지 이미 다양한 리워드들이 크라우드 펀딩을 통해 개인은 상상도 할 수 없는 많은 고객을 만나고 있습니다.

크라우드 펀딩을 한다는 의미는 계약을 하고, 고객과 플랫폼과의 약속을 꼭 지켜야 한다는 뜻입니다. 그리고 무엇보다 제품이 좋아야 합니다. 그렇기 때문에 선뜻 나서기가 어려워 보일 수 있습니다. 실제로 마냥 쉬운 일은 아닙니다. 하지만 이렇게 한 번의 공을 들여서 많은 고객들을 만나고 다양한 영역에 내 프로젝트를 선보일 수 있는 기회는 매우 드물어요. 게다가 아이디어 구상 단계에서부터 그것을 제품/서비스화하기까지 모든 스토리를 다 공개할 수 있고, 미리 실행 자금을 확보하고 프로젝트를 실험할 수 있는 안전한 방법이기도 해요. 엄청난 기회죠. 그래서 사이드 프로젝터라면 반드시 크라우드 펀딩을 고려해보면 좋겠어요.

라이프 스타일을 계속 기록해나갑니다

여전히, 기록이 중요합니다. 내가 만들고 싶고, 실행하고 싶었던 사이드 프로젝트가 세상에 출시가 되었다면 그다음은 어떻게 해야 할까요? 비즈니스까지 되었으니, 사이드 프로젝트는 끝인 걸까요?

그렇지 않습니다. 나의 일상에 비즈니스가 된 사이드 프로젝트를 꾸준히 들여오세요. 나의 라이프 스타일로 즐기고 기록하는 거예요. 아주 간단해요. 예를 들어 캠핑을 사이드 프로젝트로 시작했다가 캠핑 용품을 만드는 사업을 하고 있다면 직장으로 돌아가더라도 여전히 내 삶에는 캠핑이 있어야 합니다. 일에서 활용되는 무언가를 만들었다면 더 멋있고 효율적으로 일하고, 여행에서 사용되는 무언가를 만들었다면 더 재미있게 여행하면 됩니다.

사이드 프로젝트로 탄생하는 제품 및 서비스들은 단순히 가성비로 소비되지 않습니다. 내가 좋아하는 그 라이프 스타일을 그저 즐겁게 계속 이어나가면 그 기록 자체가 소비자들에게는 룩북이 되고 구매 및 결제로 이어집니다. 이렇게 일상과 비즈니스가 서로 선순환하며 계속해서 우리 인생에 활력을 불어넣을 거예요.

사이드 프로젝트의 또 다른 한걸음

사이드 프로젝트 시즌 1을 끝내느라 수고하셨습니다! 그런데 사실 사이드 프로젝트로 큰돈을 벌지 못했거나, 내 삶이 거의 바뀌지 않았을 확률이 높을 거예요. 아마 애매한 상태로 끝났을 수도 있어요. 하지만 그럴지라도 사이드 프로젝트를 열심히 해왔던 사람들에게는 아주 달콤한 선물이 기다리고 있어요.

서로가 서로를 알아보는 관계, 바로 사이드 프로젝터들과의 소통입니다. 삶을 주체적으로 사는 사람들과 영감을 주고받고 어깨를 나란히 할 수 있는 것은 사이드 프로젝트를 하는 큰 즐거움이에요. 닮고 싶은 멋있는 사람을 주변에 두는 것은 인생 최고의 복지 중 하나죠. 비싼 학교를 가지 않아도 MBA 과정을 들을 수 있고, 세계 여행을 가지 않아도 세상을 볼 수 있고, 존재하는지도 몰랐던 수많은 책을 읽게 돼요. 이제 뒤를 돌아보면 자연스럽게 나의 스토리가 형성되어 있을 거예요. 이를 꼭 정리해서 나는 어떤 사람이라고 정의 내리지 않아도 돼요. 억지로 나를 한두 개의 표현에 가두지 말아요.

최종 점검

그저 지금 내가 좋아하는 것, 시간을 보내는 것들로 나를 표현하면 됩니다. 나의 관심사는 계속해서 현재진행형이기 때문입니다. 변화할 수도 있고, 더 깊어질 수도 있습니다. 그렇게 계속 스토리를 이어나가다 보면 나와 브랜드의 정의는 이미 세상이 알아서 내려주겠지요.

하지만 나의 이야기를 한번 정리할 필요는 있습니다. 그래야 앞으로 내게 다가올 엄청난 시간도 담담하게 그려볼 수 있죠. '일'이라는 키워드로 내가 언제 행복했고, 언제 힘들었는지 사이드 프로젝트의 과정을 간단한 그래프로 그려보세요.

그 과정에서 내 이야기가 스스로 정리될 것입니다. 나를 더 잘 이해하고 위로할 수도 있고, 나의 삶을 더 사랑할 수도 있게 됩니다. 그리고 어떠한 꼭짓점들이 보일 것입니다. 그때 내가 왜 행복했는지, 왜 살 만했는지, 왜 힘들었는지를 살펴보세요. 그럼 앞으로 어떤 일들을 계속하고, 줄여나가야 할지 조금 더 명확해집니다.

다음 단계 계획

사이드 프로젝트 시즌 1의 정리까지 마쳤다면, 다음 단계를 상상해 봅니다. 하나의 프로젝트를 중도에 포기했다 하더라도 내가 완전히 실패한 것은 절대 아닙니다. 그저 나와 그 프로젝트가 생각보다 맞지 않았을 뿐입니다. 다른 것을 다시 작게 시작해보면 됩니다.

반대로 시즌 1을 잘 마쳤다면, 성과가 크지 않았다 하더라도 내가 정한 결승점에 도착해본 것이니 이미 자신감이 어느 정도 붙어 있을 것입니다. 다음 단계를 충분히 더 똑똑하게 그려볼 수 있습니다. 방법은 여러 가지가 있습니다.

첫 번째, 사이드 프로젝트 시즌 1의 내 부캐가 마음에 들었다면, 그 다음 더 높은 레벨로의 도전 혹은 공부를 준비합니다.

두 번째, 시즌 1이 나와 잘 맞지 않았던 것 같거나, 이미 충분히 해본 것 같다면 다른 버킷리스트에 도전합니다.

세 번째, 시즌 1을 통해 만들어진 결과물을 조금 더 활용하고 싶은 경우 이를 소스로 다른 콘텐츠, 서비스로 재가공합니다.

네 번째, 돈이 될 수도 있다면 시즌 2에서는 이를 비즈니스로 시작해봅니다.

이 글을 읽는 당신은 이 네 가지 중에 어떤 것을 선택하시겠나요? 어떤 것도 좋습니다. 일 년을 사이드 프로젝트 해로 정하고, 분기마다 다른 사이드 프로젝트에 도전하면서 다양한 삶의 여정을 즐겨도 좋고, 처음 도전한 하나의 사이드 프로젝트가 운 좋게 나와 잘 맞았다면, 더 깊게 파고들거나 확장해도 좋습니다.

다시 버킷리스트로

숨 가쁘게 뛰어왔습니다. 아마 이 책을 함께 읽으며 사이드 프로젝트를 시작하신 분들이 있다면, 이미 예전의 내 삶과 지금의 내 삶은 많이 달라졌음을 느끼실 거예요. 나를 다른 캐릭터로 보는 사람이 생겼을 것이고, 직업 이외에 다른 일로도 수익을 올리고 있을 수도 있고, 무엇보다 매력적인 사람으로 변했을 거예요.

얻은 것이 있으면 또 잃은 것도 있겠죠. 육체적, 물리적 에너지도 상대적으로 고갈될 수밖에 없고요. 충분히 쉬고 다시 STAGE 01로 돌아갑니다. 버킷리스트를 작성하고 나만의 사이트 프로젝트 아이템을 발견하는 것이죠. 그렇다고 처음 사이드 프로젝트를 시작할 때와 똑같은 것은 아닙니다. 다능인으로서, 사이드 프로젝터로서, 무엇보다 내 안의 새로운 모습을 꺼내어 키워본 경험을 가진 사람으로서 다음 사이드 프로젝트는 훨씬 즐겁고 가볍게 진행할 수 있을 거예요. 이제는 알고 있어요. 우리는 그 무엇도 될 수 있고, 할 수 있다는 것을요.

QUEST

사이드 프로젝트로 버킷리스트를 구현합니다.

아주 사소한 것이라도 좋습니다. 어떤 기록을 남기셨나요?

전시	
상품	
선물	
채널	
출판	
자격증	
대회	
기타	

위를 다 채웠다면 다음 사이드 프로젝트를 위해 다시 STAGE 01의 버킷리스트로 돌아가 시즌 2의 아이템을 적어봅시다.

LEVEL UP!

퍼스널 브랜딩은 나를 지켜봐주는 사람들에 의해 만들어집니다

판매가 부담스럽다면 선물부터 시작해요

채널 운영은 곧 소통입니다

고객과 나의 니즈를 파악합니다

잊지 말아요, 사이드 프로젝트의 초심! 즐겁고 가볍게!

축하드립니다. 사이드 프로젝트의 모든 레벨을 달성하였습니다. 그동안 부캐를 키우느라 수고 많으셨습니다. 지금은 과감하게 시즌 1의 책장을 덮으세요. 잠시 쉬어도 좋습니다. 쉴 만큼 쉬었다가, 혹은 놓았던 본업을 챙겼다가 다시 사이드 프로젝트가 생각나면 이 책을 꺼내봐주세요. 이번에는 어떤 길을 가볼까요. 혹은 가보았던 길을 더 깊게 파고들어볼까요. 완전히 달라진 당신의 두 번째 부캐 여행을 응원합니다!

RUN
GO
LEVEL UP!

BONUS STAGE

인터뷰

본캐 : 박찬빈 / MGRV 커뮤니티 시니어 매니저

부캐 : <찬빈네집> 호스트, 작가

보광동 초입까지는 와본 적이 있어도 그 뒷동네를 오르는 건 처음이다. 골목에는 정겨운 풍경들이 많이 보인다. 오래된 약국과 동네 호프집, 퇴근 후 돌아다니는 아이와 주민들. 그 사이 비탈길에 <찬빈네집>이 있다. 커다란 대문을 열면 오른쪽으로 작은 문이 하나 더 보인다. 3층 계단으로 연결되는 문인데, 문에 문을 열고 들어가니 마치 내가 모르는 세상으로 들어가는 기분이다.

드디어 계단의 끝, <찬빈네집>으로 들어왔다. 눈앞에 펼쳐진 공간은 한눈에도 주인의 색이 물씬 풍겼다. 작은 신발장 넘어 은은한 조명 아래 옹기종기 모인 책과 포스터들이 주인장의 취향을 보여준다. 정겨운 주방 옆으로는 1인분의 삶을 잘 보여주는 작고 단단한 냉장고가 있고, 그 옆으로는 드물게 발이 드리워진 주인의 방이 보였다. 군더더기 없이 깔끔하게 치워진 방. 그리고 아늑한 침구와 한편에 마련된 진열장에 brique, brand B, bold journal 등의 매거진이 침실에 묘한 균형을 잡아주고 있었다.

오랜만이에요. 찬빈 님. 그동안 책도 내시고 회사도 옮기고 변화가 많으셨어요. 많은 분들이 인스타그램을 통해서 찬빈 님 소식을 듣고 있을 텐데요. 오늘 제가 찬빈 님 라이프 스타일, 가치, 사이드 프로젝트 이야기 같은 것을 많이 물어볼 거예요. 괜찮으실까요?

네, 좋습니다. 사실 스스로 문답하는 것을 좋아해서요. 생각 정리할 시간이 잘 없었는데, 오늘 저에게도 좋은 시간이 될 것 같아요.

그럼 먼저 커피며, 공간 이야기며 어떻게 사이드 프로젝트를 시작했는지 알려주실 수 있나요?

제대로 사이드 프로젝트를 시작했던 시점은 전 직장인 〈위워크〉에 다닐 때였어요. 제가 의도적으로 사이드 프로젝트를 해야겠다고 시작했던 건 아니에요. 그때 우연히 집 이사를 했어요. 내 공간다운 공간이 생기니까 이곳에서는 무언가를 해볼까 하는 흥미가 생겼던 거죠.

처음에는 엉성한 기획이었어요. 제가 좋아하는 게 커피, 그리고 친구들을 집으로 초대하는 것이었는데요. 집에서 할 수 있는 건 다 해보기로 한 거죠. 한두 명 지인이나 동료분들을 초대했었는데, 제 기억에 전부 우리 집을 신기해했어요.

제가 사는 집이 막 세련된 집은 아니지만, 취향이 담긴 집이었던 거죠. 그걸 또 사람들이 좋아해주니 재미있었어요. 재미가 조금 씩 쌓이다 보니까 자연스럽게 거기에 제가 좋아하는 커피를 매개로 사이드 프로젝트를 진행하게 되었죠.

커피를 매개로 사이드 프로젝트를 진행했다고 하셨는데 이 이야기가 더 듣고 싶어요. 좋아하는 게 좋아하는 것으로만 그치지 않은 거잖아요.

일단은 제가 커피 마시는 것을 굉장히 좋아하고, 또 커피 내리는 것도 제 나름대로 배워가고 있어요. 커피 도구를 하나둘 사고, 추출도 책이나 유튜브를 보며 시도했는데 안타깝게도 집에 원두가 자꾸 쌓이더라고요. 국내에서도 여기저기서 원두를 사왔지만, 해외에 갔을 때 특히 로컬 원두를 많이 샀거든요. 혼자 사는 집에 그게 쌓이고 쌓이다 보니 어떻게 해결하면 좋을지 고민이 되더라고요.

그런데 이런 고민과 공통점을 가진 친구가 저 말고도 두 명 더 있었어요. 서로 워낙 친하고 자주 만나기도 해서, 우리 서로의 원두를 맛보는 건 어떻겠냐는 말이 나오게 된 거죠. 그렇게 일요일 오전에 커피 마시는 모임을 시작했어요.

커피를 내린다는 건 커피도 중요하지만 사람들과의 캐주얼한 대화를 많이 이끌어내더라고요. 저는 커피에 대한 전문 지식과 내리는 법칙보다 이 커피를 왜 샀고, 이 카페에 갔을 때 어떤 느낌이었는지를 주로 이야기하고자 했어요. 그러다 세 명이서 시작했던 커피 모임은 점차 모르는 사람들도 함께하는 모임이 된 거죠.

처음에는 지인 두 명과 마시기로 했는데, 모르는 사람들을 부르게 된 그 이유가 궁금해요. 모집은 어떻게 했는지도요.

지인이 오는 것과 모르는 분이 오는 것은 장단점이 있어요. 지인이 오면 진행은 조금 수월한데, 모르는 분들이 올 때는 또 새로운 관계 형성이 재미있는 것 같아요. 어떻게 이렇게 연결됐을까 하는 신기함도 있고요.

우선 우리 세 명의 인스타그램에서 각자 손님을 모집했어요. 처음에는 겁이 나서 사람을 많이 초대하지 않았어요. 저희 포함해서 일고여덟 명 정도였죠. 열 명이 넘어가면 집중이 잘 안 되고, 커피 한 잔을 내리는 것도 오래 걸리거든요. 처음에는 지인 한 명에 모르는 사람 한 명 초대하자는 분위기였는데, 점점 지인보다는 모르는 분들이 많이 참여해주셨어요.

사이드 프로젝트가 지속되면서 재미있었던 게 이전에 오셨던 분들이 새로운 분들을 또 추천해주시는 거예요. 뚜렷한 목적은 없어요. "거기 가면 재미있어." "거기 가면 부담 없이 즐길 수 있어." 저희가 추구하는 방향은 '커피 전문가'가 아니라서 커피는 저희 원두를 써도, 커피를 내리는 건 손님들이 할 수 있게 했거든요. 그래서 누가 주인이라고 할 것 없이 집에 남은 원두를 함께 내려 마시는 분위기가 됐죠. 손님의 레시피대로 마셔보기도 하고요. 커피는 매개고 새로운 사람을 만나는 장이 된 거예요.

커피 모임과 <찬빈네집> 프로젝트는 어떤 연관이 있나요?

커피 모임을 하면서 〈찬빈네집〉이 좀 더 명확해진 것 같아요. 제가 음식을 잘하는 것도 아니고, 가족, 친구, 동료를 초대해서 할 수 있는 일이 별로 없더라고요. 그런데 커피 모임을 하고부터는 그 시간엔 내 집에서 바리스타라는 역할, 즉 부캐가 생긴 거예요. 기분이 좋았어요. 서로 관계도 가까워지는 것 같고요. 그 후로 〈찬빈네집〉이라는 해시태그를 달고 제 인스타그램 계정에 이 집을 소소하게 알리면서 손님들에 대한 기록을 하나둘씩 남기기 시작했죠.

그랬더니 어느새 방문 일정이 쌓이는 거예요. 사실 초대할 때마다 후회하죠. 내가 뭐라고 초대할까 싶어서요. 그런데 사람들이 와서 되게 좋은 경험을 하고 간다고 하시더라고요. 저는 그게 진심으로 느껴졌어요.

그리고 인테리어 이야기를 하셨는데요. 보시면 아시다시피 거의 인테리어를 하지 않았어요. 사실 데코죠. 포스터 붙이기, 제가 좋아하는 LP와 책 두기. 또 저희 집에 있는 게 거의 새것이 없어요. 소파도 주워온 거고, 매거진 스탠드랑 스툴은 제가 공방에서 직접 만든 거고, LP 선반은 동료가 준 거고요. 나머지 대부분도 받은 거예요. 집을 이사할 때 주변에서 도움을 많이 받았어요. 새것을 사서 꾸몄다기보다는 있는 걸 잘 활용하고자 했어요. 그리고 저 같은 경우 포스터 모으는 걸 무척 좋아해요. 전시나 콘서트 포스터 같은 거요. 혹은 책에서 부록으로 나온 포스터도요. 이런 것들이 또 약점을 가리는 데 아주 좋은 것 같아요. 안 보이게 덮을 수 있으니까요.

이렇게만 됐으면 저만 즐겼을 텐데, 워낙 공간에 대한 관심이 많다 보니까 집을 하나하나 가꿔나가는 과정도 인스타그램에 함께 기록했어요. 그랬더니 댓글 반응이 좋더라고요. 그분들이 실제 저희 집에 오시면 기대했던 것보다 좋아하시고 새롭게 봐주시는 것 같아요. 그리고 이런 경험들이 쌓여 사람을 초대하는 게 조금 더 자연스러워지고, 자신감도 생겨난 거죠. 그런데 부수적으로 좀 더워서….

여름은 원래 더운 거죠. 책 『찬빈네집』에서 가장 마음에 들었던 것도 그 부분이었어요. 여름은 원래 덥고, 겨울은 원래 춥다고 하는 부분이요. 주변에 걱정하는 사람들에게 '옥탑방에 사는 게 난데 뭐' 이런 느낌으로 말하는 당당함과 귀여움이 느껴졌달까요.

맞아요. 여름은 원래 덥죠. (웃음)

그런데 이렇게 이벤트를 만들고, 사람 초대하는 걸 좋아하는 사람들은 꽤 있어요. 하지만 그걸 꾸준히 기록으로 남기는 것은 또 다른 에너지라고 생각해요. 기록을 하게 된 계기나, 일상을 기록으로 (열심히) 남기게 하는 에너지는 어디서 오나요?

의도를 했다기보다 손님들이 와서 재미있게 노는 그 장면이 너무 예쁘고 좋은 거예요. 그래서 장면 장면을 습관적으로 기록했어요. 제가 너무 좋으니까요.

저는 사실 집에 누가 오는 게 그 사람에게 저를 다 보여준다고 생각하거든요. 저도 누군가의 집에 가면 그 사람을 알 것 같은 기분이 들어요. 물론 심리적인 관계도 가까워지는 것 같고요.

물론 쉽지 않았어요. 제 인생에서 사람들을 이렇게 초대하는 시기가 참 값지고, 그 과정에서 좋은 인연도 많이 생겼는데, 순간의 기록은 계속 미루게 되는 거예요. 저도 장치가 필요한 사람이에요. 장치가 없으면 끝맺음이 어렵더라고요. '글 써야지' 하면 미뤄지고, 딴짓하고 그렇게 되더라고요.

그런데 우연히 지인들이 자기도 글을 써야 한다고 같이 쓸 사람을 모집하더라고요. 거기에 지원했어요. 수요일에 퇴근하고 6주 동안 8시부터 10시까지 글쓰기 모임을 했죠. 그때 그 모임을 통해 책을 만들어야겠다는 다짐을 했어요.

그간 미뤄뒀던 저에 대한 것들, 집, 공간, 커피 등 다양한 소재를 이 시간에 다 쏟아내자 생각했어요. 기획이 저도 익숙하지 않다 보니까, 처음에는 막막했어요. 어떤 것을 써야 할지, 왜 써야 하는지, 내가 하고 싶은 말은 뭔지 잡기가 어려웠어요. 지난 장면들을 아카이빙했던 것을 돌아보면서 장면들을 끄집어냈어요. 에너지를 집중했죠. 해야만 하는 상황을 만들었어요.

그런데 이 이야기 들으면 놀라실 텐데, 그 모임에 참가하려면 보증금을 50만 원 내야 해요. 50만 원을 먼저 내고, 결석하면 벌금 10만 원, 지각하면 벌금 5만 원이에요. 그래서 거의 한 명도 지각을 안 했는데, 저는 그게 엄청 도움이 됐어요. 벌금이 세다 보니까 무조건 가야 했던 거죠.

모임 만드신 분이 똑똑하시네요.

맞아요. 그런데 그분이 결석을 한 번 해서 10만 원을 냈어요.(웃음) 심리상담 어플리케이션 〈트로스트〉를 만든 분이셨는데, 사이드 프로젝트로 글쓰기 모임을 만든 거였어요. 그분도 자기는 장치가 필요하다고 말했어요. 장치 없으면 다 늦거든요. 돈이 걸리면 사람이 무슨 일이 있어도 온다고. 그 덕분에 책을 위한 글을 나름 모았던 것 같아요.

그분도 사이드 프로젝트의 비밀을 알고 계시는 분인 것 같아요.

네, 아시는 분이죠.

해야만 하는 상황을 만들고, 짧은 성실함으로 이뤄나가는 것요.

맞아요. 그런데 그걸 혼자 하려니 절대 안 되고 어떤 모임을 만들어두면 좋은 것 같아요. 숭 님(p.167)도 목요일마다 글쓰기 모임 하시잖아요. 모임이 은근 도움이 되더라고요. 다 같이 할 수 있는 크루를 만드는 거죠.

그럼 모임 나가고 얼마 만에 책을 내신 거예요?

모임 나가고 두세 달 동안 만들었어요. 독립 출판은 두 번째예요. 첫 번째는 대학생 때 했는데, 4주 동안 책 만들기를 했어요. 그때 뼈저리게 느낀 게, 혼자 책을 내려면 디자인을 해줄 수 있는 친구가 필요하다는 거였어요. 혼자서 원고 조판까지 해야 하니까 답이 안 나오더라고요. 4주 동안 글 쓰고, 인디자인도 하고, 인쇄도 해

야 했죠. 말이 안 되는 일정이죠. 그래서 결과물도 말이 안 되게 나왔어요. (웃음)

그때 느껴서 이번에는 디자인하는 친구의 도움을 받았어요. 내가 할 수 있는 것에만 집중하기로 하고요. 사이드 프로젝트를 할 때 너무 혼자 완벽하려 하면 못 하는 것 같아요. 그래서 어느 정도 도움을 받는 것도 좋다 싶어요.

아무리 독립 출판이어도 두세 달이면 굉장히 짧은 시간인데요, 독립 출판을 꿈꾸는 분들을 위한 또 다른 팁 같은 것들이 있을까요?

순간의 기록이 중요해요. 내가 좋아하는 장면을 그때그때 기록해 놓은 것이 있으니 당시의 기억을 떠올리기 쉽더라고요. 아예 아무 기록이 없으면 사진만 보고 글을 써야 했을 거예요. 어려웠겠죠. 저는 어느 정도 써둔 장면의 조각들이 많았어요. 그래서 그 시간은 창작의 시간이라기보다 편집의 시간에 가까웠어요. 순간순간 장면의 기록들이 많았으니 가능한 일이었죠.

그리고 이건 제 책에서만 이야기할 수 있는 건데, 〈찬빈네집〉 이벤트에 오셨던 분들의 후기도 많이 담았어요. 손님들이 집에 다녀간 후 남긴 후기들요. 그건 그분들께 허락을 구했는데, 모두 너무 흔쾌히 허락해주셔서 기뻤어요. 제 이야기만 하기에는 저도 부족하고, 제 공간을 통해서 느꼈던 것을 다른 분의 시선으로도 담을 수 있어서 좋았어요.

순간을 기록하는 건 자산이네요. 찬빈 님의 사이드 프로젝트 이야기를 듣다 보니 본업도 궁금해졌어요. 찬빈 님의 직장, 즉 본캐와 <찬빈네집>이라는 부캐는 어떻게 다르고 또 어떤 연관이 있을까요?

지금까지 세 곳의 일터를 다녔어요. 〈에어비앤비〉, 〈위워크〉를 다녔고, 지금은 〈맹그로브〉에 있습니다. 세 곳 모두 공통점이 있어요. 보편적인 회사는 아니라는 점이죠. 직장이라는 곳은 역할, 책임이 있는 곳이에요. 그런데 다행히 제가 일했던 곳이 경직되거나 보수적인 곳은 아니었고, 그 안에서도 주로 사람들을 연결하는 일을 했었어요. 사람이 중심인 비즈니스를 하는 곳, 새로운 걸 만들어내는 곳, 우리가 이야기하는 '공유'라는 가치를 추구하는 곳이었어요. 생각해보면 그게 제 모습이기도 한 것 같아요.

저도 단순히 상품과, 서비스를 파는 걸 넘어서 서로 함께하는 게 뭘까를 고민했거든요. 일터에서 지향하는 것과 맞닿아 있는 부분이었죠. 일이 무엇일까를 생각했을 때, 경제적인 면도 중요하지만 내 가치를 보여줄 수 있는 일을 하고 싶었어요.

사실 고민은 많았어요. 누구는 영업을 해야 한다, 누구는 마케터가 돼야 한다, 너 이제는 다른 길로 가야 해, 그런 말을 많이 들었어요. 그런데 오히려 그럴수록 저의 날을 더 뾰족하게 세우고 싶더라고요. 왜 그런가 생각해보니, '내가 원하지 않아'가 제 답이었어요. 물론 그 일도 좋은 일들이지만요. 제가 원하는 것은 일을 통해 다양한 사람들을 만나고 싶은 것이었어요.

저는 저와 같은 가치 지향점을 가진 회사에 소속되어, 다양한 사람을 만나는 장을 발굴하는 것이 좋아요. 지금도 커뮤니티 매니저로서 그런 일을 하고 있어요. 그럼에도 불구하고 일터는 제 색깔을 보여주기에 완전히 자율적이지는 않았던 것 같아요. 반면에 집이라는 공간은 지극히 내 모습이 나오는 곳이잖아요. 그래서 집에서 다른 분들과 함께하는 시간이 제게는 조금 더 재미가 있고, 의미가 있었죠.

그래서 오히려 집에 있는 제 모습이 본캐고, 회사에 있는 모습이 제 부캐인 것 같기도 해요. 〈찬빈네집〉에 있는 본캐를 토대로 회사에 다니는 저를 이끌어내는 것 같거든요.

혹시 사이드 프로젝트 하면서 권태나 위기가 있었어요?

그런 위기보다는 계절에 따라 공간의 제약이 있었어요. 그리고 코로나 이슈로 사람 부르기 어려웠던 것도 있었고요. 조심스러우니까요. 프로젝트 안에서 권태는 많이 없었어요. 그런데 좀 어려웠던 건 세 명이 하는 커피 모임의 경우, 셋 다 생활 패턴이 달라서 시간 조율이 어려웠죠.

혼자서 했다면 또 그 나름의 어려움이 있었겠죠. 그런데 사이드 프로젝트라는 건 질리면 그만둘 수도 있고 그런 게 너무 자연스러워요. 당연히 본업이 아니니 엉성할 수밖에 없고요.

하지만 결국 그것만으로도 너무 의미 있는 것 아닐까요. 시도해보고 실패하면 다시 해보고, 실패해도 본전이라는 게 중요해요. 끝을 정해놓지 않아서 잠시 쉬어도 아무도 모르거든요. 저희만 괜히 이때 쉬면 안 되는데 하지, 결국 우리 좋으려고 하는 거라서 부담감을 조금 내려놓다 보니까 권태는 좀 덜했어요. 위기도 덜하고요.

그러면 지금 그대로 지키고 싶은 내 모습은 무엇인가요?

이건 아주 솔직한 말이긴 한데요. 아까도 말한 것처럼 저는 일에 있어서 사람이 매우 중요한 사람이에요. 또 사람 때문에 힘든 일도 많잖아요. 사람을 대하는 일을 할 땐 힘듦이 항상 따라와요. 정말 좋은 사람과의 관계만 있는 것도 아니고요. 어쨌든 사람 때문에 스트레스받는 건 피할 수가 없더라고요. 그럼에도 불구하고 이런 일을 계속하는 이유는 제가 사람 대하는 일 아니면 흥미가 없기 때문이에요.

그래서 제가 '사람에 대한 애정'을 계속 지켰으면 해요. 분명히 어려움과 힘든 일이 있더라도 사람을 바라보는 지금의 시선이 꾸준히 갔으면 좋겠어요. 그리고 관계를 소중하게 생각했으면 좋겠어요.

이번에 책을 내면서 과분한 응원을 받았어요. 왜냐면 제 이야기들이 별것 아니거든요. 누가 보면 아무것도 아니라고 볼 수도 있어요. 그런데 쌓이고 쌓인 것들이 있다 보니, 그게 응원으로 이어졌던 것 같아요. 너무 감사했어요. 앞으로도 사람에 대한 애정이 끊어지지 않았으면 합니다.

찬빈 님에게 나답게 산다는 건 어떻게 사는 것일까요?

오늘 얘기하다 보니 좀 더 명확해지네요. 저는 나다운 것을 제가 못 느끼는 것 같아요. 저는 잘 모르는데, 남이 알려주죠. 그게 참 신기해요. 저는 그저 그냥 해온 건데 남들이 저에 대해 정의를 잘 해줘요.

집 같은 경우도, "너다워" "네가 좋아하는 게 이런 거잖아" "네가 해온 게 이런 것 같아" 이런 말들을 통해 나다움을 알았어요. 그래서 나다움이란 가까운 사람이 바라봐주는 것이 아닐까 생각합니다.

그러려면 표현을 많이 해야겠네요?

그렇죠. 그래서 제가 좋아하는 걸 의식하지 않고 많이 보여주려 해요.

일도 하고, 사이드 프로젝트도 하고, 사람에 대한 애정도 지켜야 하는데, 지칠 때가 있을 것 같아요. 지친 나를 달래는 방법은 무엇인가요?

지칠 때가 있죠. 그럴 땐 시간이 아까울 정도로 늘어지곤 해요. 원래는 시간을 아까워하는 편이에요. 이 시간에 뭘 해야지, 이 시간에 다른 걸 해야지. 생산적으로 살아야지 하는 게 박혀 있어요.

그런데 힘든 때일수록 나를 내려놓는 연습을 해요. 그래야 회복되는 기분이 들어요. 그냥 누워 있고, 책 보고, 영화 보고 그래요. 그리고 요즘엔 의식적으로 밤 산책을 해요. 일터에 있다 보면 동네 주변을 못 보잖아요. 그런데 밤에 산책을 하다 보면 이제 마감하는 숍, 함께 걷는 가족들, 포차에서 밥 먹는 직장인들같이 제가 놓쳤던 일상의 모습을 많이 봐요. 보고 있으면 생각을 내려놓게 돼요. 지금 내가 힘든 게 별로 중요하고 대단하게 느껴지지 않더라고요.

앞으로 일과 사이드 프로젝트를 조화롭게 하면서 어떻게 일하며 살고 싶나요?

일을 먼저 이야기하면요. 이직을 한 지 얼마 안 됐지만, 꾸준히 관심 가졌던 분야가 '라이프 스타일'이에요. 그래서 결국에 먹고 자고 입는 영역에서 '사는 공간'을 운영하는 일을 하게 됐어요. 그런데 그게 생각보다 간단하지도, 또 너무 복잡하지도 않은 것 같아요. 처음에는 지레 겁먹었어요.

일이란 게 안 좋게 보면 끝도 없어요. 제가 그 안에서 좋은 점들을 계속 발견하고 싶고, 그것으로 저만의 동기를 계속 만들고 싶어요. 많은 분들과의 연결이 기대돼요.

사이드 프로젝트 같은 경우는 독립 출판을 하면서 두 가지를 의도했어요. 제가 vol(볼륨)이라는 개념을 썼거든요. 그래서 첫 번째 책인 vol.1은 이 집을 얻게 되면서 경험한 것들을 쓴 거고요. 목표로 잡은 것은 『찬빈네집』이라는 책을 제 라이프 로그처럼 1년에 한 번이든 두 번이든 기회가 닿는 대로 시리즈로 만들고 싶어요.

그럼 언젠가는 vol.2를 내겠다는 또 다른 장치를 마련한 거네요?

맞아요. 그래서 꼭 언젠가는 내야죠. (웃음) 언젠가 결혼을 할 수도, 아이를 낳을 수도 있는데요. 그런 순간이 올 때까지 쭉 기록하고 싶어요. 그래서 더 많은 경험을 집 안으로 데려와야 할 것 같아요. 사람들을 집에 초대하고 언제나 환대하는 삶, 그것을 통해 무언가를 만들어나가는 삶을 살고 싶어요.

'사이드 프로젝트를 해야지' 하는 생각보다는 그냥 제 인생에 소소한 추억들을 많이 만들고 싶어요. 그러고 나서 책을 보면 좀 보일 것 같아요. 책 속에 내 인생과 사람들과의 관계, 그리고 나를 바라보는 지표가 있지 않을까요.

마지막으로 1년 뒤 나는 무엇을 하고 있을까요?

크게 달라지진 않을 것 같아요. 집 안에서의 일상도 일터에서의 일상도 비슷할 것 같고요. 아, 1년 뒤에는 두 번째 책이 나오겠네요.

그리고 순간의 기록을 계속할 거예요.
더 필터 없이, 더 촘촘하게요.

본캐 : 이승희 / 마케터와 백수 사이

부캐 : <두낫띵클럽> 클럽장, 작가

양재 프린츠의 햇살이 적당히 드는 자리에서 이승희 님(닉네임 숭, 이하 숭)을 만났다. 여전히 건강한 미소다. 숭 님은 6년간 근무한 <배달의민족> 마케팅 팀을 퇴사하고, 아무것도 하지 말자는 위트 넘치는 슬로건을 건 백수 듀오 <두낫띵클럽>을 결성했다.

<두낫띵클럽>이 <모베러웍스>와 함께 진행한 굿즈 전시회 첫날, 너무 길게 늘어선 줄 때문에 한 시간을 기다리고도 입장을 못했다. 당일만 1천 명이 방문했다고 한다. 물론 굿즈는 구경도 못 해봤다. 그 한여름 숭 님은 땀을 닦으면서 그 많은 사람들과 한 분 한 분 미소로 소통하고 있었다. 오래된 팬들은 SNS 아이디도 다 외우시는 듯했다.

그는 밀레니얼 세대에게 연예인 못지않은 애정의 대상이다. 평소에 중요하게 생각하던 '기록'에 대한 이야기를 묶어서 책을 내고, 퇴사 이후에도 여전히 활발하게 활동하고 있다. 숭 님의 SNS 본계정과 부계정에는 세상을 바라보는 호기심 가득한 눈빛으로 끊임없이 로컬 구석구석을 여행하고 기록하며 많은 사람들과 나누고 있는 영감과 기록이 넘쳐난다. 이제는 사람들의 관심 때문에 주춤할 수도 있을 것 같은데

숭 님은 여전히 아이 같다. 좋아하는 게 많고, 거침없이 표현하고, 또 사람들과 함께 나눈다. (자신이 함께하고 있는 #인스노트 #목요일글쓰기 프로젝트 등을 사람들이 해시태그를 달아 인스타그램에 올리면, 자신의 계정에서 리그램을 해주기도 한다.)

무엇이 그를 그렇게 열심히 움직이게 할까? 이 많은 부계정과 사이드 프로젝트를 어떻게 이토록 감각적으로 재미있게 진행할까? 오랜만에 만난 숭 님은 퇴사하고 오히려 더 바빠져서 몸이 안 좋아졌다며, 최근에는 운동에 많이 집중하고 있다고 했다. PT를 매일 받아 몸 구석구석이 너무 아프다고 하지만 맑은 에너지가 넘쳐흘렀다. 나를 위해 계속 미뤄왔던 것을 해내고 있는 사람 특유의 건강한 에너지였다.

준비하시는 책 너무 흥미로워요. 저도 페르소나나 부캐에 대해서 재미있게 생각하고 있거든요.

많은 분이 특별한 사람만이 사이드 프로젝트를 할 수 있다고 생각해요. 난 너무 평범하다고 생각하고, 끼가 없다고 생각하고, 늦었다고 생각하는 것 같아요.

맞아요.

제가 운영하고 있는 <라이프쉐어>에서도 이런 분들을 굉장히 많이 만났어요. '나 삐딱해지고 싶다', '그런데 이제 와 노력하니 안 되더라' 이런 말씀 많이 하시거든요. 자기표현도 도전해야 하는 거구나, 습관이 또 필요하구나 싶었어요. 그래서 How to에 대해 쉽게 전할 수 있는 이야기가 한번 필요하다 싶었죠. 여러 부캐를 꺼내서 더 재미있고 매력적으로 사는 숭 님과 사이드 프로젝트에 대한 이야기를 나누면 사람들에게 많은 영감을 나눠줄 수 있을 것이라 생각했어요.

저는 '사이드 프로젝트'란 말, 처음엔 좀 이상하게 여겼어요. 제게는 제가 하는 것이 다 메인 프로젝트였거든요. 회사를 다니는 게 메인이고, 나머지는 사이드라고 생각하지 않았어요. 회사를 다니면서 글을 쓰는 것도 내 메인 프로젝트라고 생각했어요.

그럼 숭 님은 본캐가 여러 개인 걸까요?

그런데 본캐, 부캐 이렇게 나누면 어쩔 수 없이 월급을 주는 것이, 돈을 제일 많이 버는 것이 메인이 될 수밖에 없더라고요. 만약 제가 책으로 돈을 더 많이 벌면 회사가 부캐일 수도 있을 것 같거든요.

어쨌든 〈배달의민족(이하 배민)〉을 다닐 때 너무 회사를 좋아해서 회사 인간이 된 거예요. 그러니까 흠뻑, 어떤 회사원보다도 좋아했어요. 대표님이 저한테 뭐라고 했냐면 '네가 대표 같다'고 했어요. 회사가 타격 입으면 너무 상처를 받고, 회사가 잘되면 너무 좋아하고요. 본캐, 부캐가 없을 때의 이승희(숭 님 본명)는 〈배달의민족〉 직원, 그냥 이거 하나였어요. '나 = 배민'이었어요. 저와 회사를 동일시했던 거죠.

그렇게 달리다가 회사는 점점 커져가는데, 저는 그만큼 커지고 있지 않더라고요. 회사는 이제 어마어마한 사람들의 악플이 달리기도 하고, 이슈에 휘말리기도 하고, 사회적 책임을 갖는 회사가 되어가는데 저는 안 그러니까 계속 상처받고 그랬죠. 그때 정체성의 혼란이 많이 생겼어요. 그래서 '회사와 나라는 사람을 분리해야 하는구나'를 늦게나마 알게 된 거죠.

혼란스러운 와중에 매너리즘도 생기고 여러 가지 이유로 퇴사를 결심했어요. 시간을 좀 갖자고 생각했죠. 그런데 퇴사하고 나니 참 혼란스러운 게, 인생에 비전이 없는 거예요. 저는 회사의 비전이 제 비전이라고 생각하고 살았잖아요. 그래서 마음을 바꿨어요. 이제는 때에 따라서 나를 다양하게 소개하자고요. 저기서 글을 쓰면 난 글을 쓰는 캐릭터인 거고, 여기서 〈두낫띵클럽〉을 하면 여기서는 백수인 거고, 그런 식으로 사람들이 봐주는 대로 놔두자, 내가 일부러 뭔가를 만들진 말자고 생각했어요. 그러면서 제 SNS 활동들이 진행되었죠.

예전에 회사를 다닐 때는 직장과 직책을 SNS 프로필에 쓰고 소개에도 늘 썼어요. '배민 마케터 이승희입니다' 하고요. 그런데 회사랑 나를 분리하면서 본캐에서 내려온 후로는 부캐들은 제가 일부러 잘 소개를 하지 않았어요. 그냥 사람들이 작가라고 불러주면 작가입니다, 백수라고 불러주면 백수입니다, 숭이라고 하면 숭입니다. 그냥 그렇게 두었어요. 자연스럽게 나뉜 거죠.

처음에 뭔가 딴짓을 한 건 무엇이었나요? 다양한 부캐를 두고 능동적으로 움직이게 된 숭 님의 원동력이 궁금해요.

제 딴짓은 글쓰기 모임이었는데, 그 계기는 말이죠. 제가 맨날 이거 좋다 저거 좋다 사람들에게 추천하거든요. 아무래도 마케터였다 보니까 주변 사람들이 내가 추천한 물건을 사거나 추천한 장소에 가면 기분이 좋더라고요. "역시 이승희 추천은 믿고 갈 만해" 이런 말을 듣고 싶었어요. 그런데 제가 어디를 맛있다고 추천하니까 "이승희는 다 좋다고 하잖아. 신뢰가 없어" 이러는 거예요.

그래서 제가 진짜 맛있는 가게를 발견해서 이번엔 내가 꼭 꼬셔야지 하면서 페이스북에 글을 쓰려고 했는데, '맛있다,' '핵맛있다,' '개맛있다' 말고는 쓸 말이 없는 거예요. 제가 SNS를 많이 하다 보니까 글을 점점 짧게 쓰게 된 거죠. 나는 드라마 「심야식당」처럼 멋있는 비유와 표현을 쓰고 싶었는데, 이러니까 사람들이 나보고 뭐든 다 좋다고만 말한다 그러지 싶었어요. 그때 어휘력과 표현력을 늘려야겠다 싶어서 장문의 글쓰기를 시작하게 됐어요.

그런데 마침 글쓰기에 대한 갈증이 당시 회사 동료들에게 다 있었던 거예요. 팀원들도 다 마케터다 보니 다 글을 잘 쓰고 싶었던 거죠. 일할 때 도움이 되니까요. 그때 유병욱 CD님의 『생각의 기쁨』이라는 책을 동료들과 동시에 봤어요. 그 책에 "짧은 글을 임팩트 있게 쓰기 위해서, 카피 한 줄을 쓰기 위해서는 긴 글을 잘 써야 한다. 그래서 카피라이터들이 처음 입사해서 하는 훈련이 긴 글쓰기다"라는 대목이 나와요. 그 책을 보고 동료들과 그럼 우리도 카피라이터처럼 훈련하자고 해서 시작했어요. 그렇게 〈목글〉이 만들어졌어요. 목글은 매주 '목'요일마다 모여 '글'쓰기를 하는 모임의 줄임말이에요. 퍼블리도 그 모임에서 쓴 글을 보고 『브랜드 마케터들의 이야기』 책을 제안했던 거고요.

<목글>을 시작했던 계기를 들어보니까요. 긴 글을 쓸 수 있는 사람이 되어야겠다고 해서, 일종의 스터디를 조직하게 된 거잖아요. 저는 이 부분이 인상 깊네요. 혼자서는 포기하기 쉽잖아요. 그래서 해야만 하는 상황을 만드는 것으로 보였어요. 혹시 숭 님의 내면에는 어떤 마음이 있었길래 사람들과 같이 시작하게 됐을까 여쭤보고 싶어요.

저는 서로 채찍질을 해줄 수 있는 동료가 반드시 필요하다고 생각해요. 글쓰기도 비공개로 쓰는 거랑 공개적으로 사람들 앞에서 쓰는 거랑은 나의 글 실력과 생각을 다르게 만들어주죠. 글 쓰는 능력을 향상하려면 무조건 공개적으로 쓰라는 말이 있을 정도로요. SNS를 이용하는 것도 그런 방향 중 하나인데요. 혼자 쓰는 것보다, 함께 쓰는 게 격려와 추진력이 되는 거예요.

기록을 통해 모임과 출판, 여러 제안들까지 선순환이 이어졌네요. 이런 힘은 언제 처음 알게 됐어요?

제가 처음에는 병원에서 마케팅을 했었거든요. 병원에 입사했을 때부터 마케팅을 했던 건 아니었고요. 치과 코디네이터로 들어갔었어요. 그때 저는 치과에 대한 용어나 진료를 하나도 모르니까. 마치 외국에 온 듯한 기분이었어요. 그때 치과 용어를 정리해서 외워야겠다 싶어서 제 블로그에 정리해서 올려놨는데 저 같은 사람들이 엄청 고맙다고 댓글을 달았던 거예요. 그 순간이 기록의 힘을 처음 느꼈던 순간이었어요. 저는 약간 외로웠거든요. 치과 쪽 전문가들이 얘기하실 때 나오는 전문용어들 있잖아요. C.C는 뭐고 Tx plan은 또 뭔지… 혼자 고독하게 공부하자는 마음으로 블로그에 썼는데, 알고 보니 저 같은 비전공자들이 엄청 많았던 거죠. 사람들이 기뻐하고 도움을 받았다고 하니까 보람이 됐어요. 나 말고도 이런 사람들이 있다는 걸 처음 느껴서 그때부터 SNS를 열심히 하기 시작했죠.

그렇게 열심히 하는 와중에 노하우가 생긴 게 있나요? 잘 기록하고 잘 표현하는 나만의 방법 같은 거요. '막 한다', '쉽게 한다' 이런 키워드도 본 것 같아요.

구체적인 방법을 물어본다면, 네, 말씀하신 것처럼 대충 하려고 해요.(웃음) 완벽한 결과물을 만들어야 하는 일적인, 돈이 걸린 콘텐츠는 최선을 다해서 하고요. 내가 재미있어서 하는 기록은 그냥 대충 해요. 그냥 해요. 블로그에도 사진을 업로드하는 게 목적인 거고. 인스타그램에도 빨리 올려요. 그냥 올리는 게 목적이니까요.

그런데 그냥 막 써둔 게 모이고 모이면 결국 '온라인 아카이빙'이더라고요. 책을 만들거나 마케팅을 해야 할 때 제가 올려둔 SNS 소스들을 막 쓰는 거예요.

그게 제 기록의 노하우라고 할 수 있는데, 사실 또 막 하는 게 진짜 마음 편하거든요. 거기(SNS)서도 스트레스받으면 저 정말 아무것도 못할 것 같아요.

SNS라는 게 올리는 순간 누구나 다 보는 거니까 저는 특히 제 감정 같은 건 혹시나 올리면 사람들이 걱정할까 봐 잘 못 올리겠더라고요. 점점 사적인 건 안 올리게 되었어요. 그런데 남을 위한 게 아니라 나를 위한 '온라인 아카이빙'이라고 생각하면 좀 다르겠네요.

저는 그래서 채널별로 부캐가 조금씩 다른데요. 기분이 좋을 때는 인스타그램을 하고요, 약간 진지할 때는 페이스북을 하고, 근데 진짜 우울하고 개인적인 이야기 쓸 때는 블로그를 해요. 걱정할까 봐 못 쓴다고 하셨는데, 저는 그냥 써요. 블로그 이웃들은 사적인 친구들이나 동료들이 많아요. 진짜 막 "죽고 싶다" 이런 거 그냥 쓰레기통에 버리듯 쓴 다음 공개로 해놓고, 그냥 노트북 덮고 자는 거예요. 그래서 북 토크 같은 곳에서 블로그로 저를 팔로우하는 사람들이랑 인스타그램으로 팔로우하고 있는 사람들이랑 사인 받으러 오실 때 반응이 달라요.

인스타그램 팔로워분들은 "너무 잘 보고 있어요. 어떻게 그렇게 공간을 많이 다니세요" 이러시고, 블로그 이웃분들은 레모나 같은 거 주시면서 힘내라고 그래요. "너무 아슬아슬해보여요. 멘탈 관리 잘 하세요." 이런 편지도 써주시더라고요. 매체마다 내가 다르게 보여지는구나 하고 느꼈어요.

그렇게 구분하는 게 도움이 되나 봐요.

네. 일부러 나눈 건 아니었는데요. 인스타그램은 올렸을 때 즉각적인 반응이 오는 게 누군가 보고 있음을 단번에 확 느낄 수 있는 채널이에요. 그런데 블로그는 써도 즉각적으로 액션이 보이는 건 없으니까 그냥 정적인 공간이라 생각하고 일기장같이 써요. 부담을 갖지 않는 게 중요한 것 같아요.

저도 블로그는 가끔 하는데, 옛날에 만든 거고 연결된 분들도 옛날 분들이니까 약간 고향 같은 마음이 들어요. 인스타그램이나 페이스북은 비교적 최근에 생긴 채널들이잖아요.

아. 맞아요. 맞아요! 그래서 유튜브를 하고 싶기는 한데 잘 못 하겠더라고요. 저는 대충대충 빨리 해야 하는데요. 유튜브는 저에겐 완성된 콘텐츠인 거예요.

<목글> 말고도 여러 사이드 프로젝트를 재미있게 만들어가고 있잖아요. 한번 쭉 읊어주실 수 있나요? 회사일 말고요.

독립 출판물로는 첫 책 『인스타하러 도쿄 온 건 아닙니다만』과 『여행의 물건들』이 있어요. 그리고 일반 출판으로 낸 『브랜드 마케터들의 이야기』와 『기록의 쓸모』까지 책 작업은 네 권 했고요.

회사 다닐 때 친구들이랑 을지로에 작업실을 구했었어요. 그 작업실 이름이 〈잡업사〉예요. 그때도 부캐 이런 개념은 없었지만, 우리끼리 잡다한 업을 하는 공간으로 만들자는 뜻에서 〈잡업사〉라 지었어요. 친구 다섯 명이랑 같이 만들었는데, 거기서 플리마켓을 진행했어요. 회사를 다니면서도 계속했죠.

그리고 〈유즈드 프로젝트〉라고 하는 프로젝트도 있는데, 여기서는 빈티지 물건을 판매하기도 해요. 제 마음대로 판매하고 싶을 때만요. 그것도 사업자 등록을 해서 하고 있어요.

그리고 칼럼 쓰는 게 있는데 아무래도 책 내고 작가로 불리면서 시작한 것들이에요. 《디렉토리 매거진》, 〈조선일보 밀레니얼 톡〉, 〈리디셀렉트〉 등에서 기사 쓰는 일을 했죠. 강연도 하고요.

또 〈두낫띵클럽〉이 있죠. 무소속 백수 듀오 〈두낫띵클럽〉은 저랑 '꾶'이라는 친구 이렇게 두 명이서 '아무것도 하지 말자'는 모토로 만든 클럽인데요, 꾶은 함께 일했던 회사 동료예요. 비슷한 시기에 회사를 그만둔 후, 마음에 여유를 좀 갖고 살자는 취지에서 만들게 됐죠. 저는 클럽장을 맡고 있습니다. 사실 장이라고 뭐 없는데, 꿀이 맨날 클럽장이라고 해가지고. (웃음)

인스타그램에서 운영하는 계정인 <인스노트>도 있죠.

아, 그러네요. 〈인스노트〉는 '인스피레이션 노트**Inspiration Note**'의 줄임말인데요, 쉽게 '영감을 기록하는 노트'라고 생각하시면 돼요. 살면서 찰나에 발견한 영감들을 놓치지 않으려고 기록하고 쌓아두는 공간이죠. 책, 유튜브, 메모, 전시, 음악, 방송, 기사… 어떤 것이든 영감을 주는 거라면 전부 업로드해요. 많은 분들이 좋아해주시면서 또 그분들이 받은 영감을 공유하는 공간이 되었어요. #영감수집 #영감안경 등의 해시태그가 생겼고, 저뿐만 아니라 다른 분들도 이 해시태그를 함께 사용하게 됐죠.

혹시 이 중에서 가장 애착이 가는 프로젝트가 있나요?

〈모베러웍스〉와 했던 것요! 아무래도 이게 진짜 사이드 프로젝트라고 볼 수 있는데요, 놀면서 한 게 진짜 일이 된 거였어요. 서로 수익 배분이나 이런 걸 이야기한게 아니라요. 〈모베러웍스〉는 새로운 방식으로 일하는 사람들에게 유쾌한 메시지를 전하는 디자인 그룹인데요, 저희 〈두낫띵클럽〉을 컨셉으로 같이 시즌 캠페인을 하자고 해서 컬래버레이션을 하게 됐어요. 의류, 잡화, 문구 등을 만들었죠. 유튜브 콘텐츠도 함께 만들고요.

그리고 〈리디셀렉트〉에서 '마케터의 공간들'이라는 이름으로 기사를 쓴 것도 애착이 가요. 꾶은 그림을 그리고 저는 글을 쓰는 걸로 참여했어요. 이제 한 편 남아서 거의 끝나가요.

그런데 이런 일들의 시작은 거의 제 SNS를 보고 기회가 왔던 것 같아요. 〈두낫띵클럽〉도 인스타그램 프로필에 〈두낫띵클럽〉이라고 써서 〈모베러웍스〉에서 연락이 온 거였고, 〈퍼블리〉도 브런치에 글을 써서 그걸 보고 연락을 준 거였고요. 〈잡업사〉만 우리의 의지로 처음부터 시작한 거예요. 아, 〈유즈드 프로젝트〉도 혼자 좋아서 시작한 거긴 하네요. 제가 모은 걸 그냥 파는 거죠. 중고 물품이죠. 그래서 카피도 썼어요. "쓰던 제품 새 가격으로"라고요. 친구들이 듣더니 진짜 망나니 같은 카피라 해서 없앴죠. 쓰던 제품을 왜 새 가격으로 올리냐고요. (웃음)

이렇게 보니까 되게 뭐 많이 한 것 같네요. 다 SNS로 한 것뿐인데요. 그런데 사람마다 다 이렇게 많지 않나요? 이렇게 쓰면요.

다 그렇지 않습니다. 안타깝게도 회사에서 상처받고 그걸 치유하는 것만으로도 시간이 많이 없어요. 주말에는 아파야 하고요. (웃음) 그나저나 놀면서 하던 게 일이 됐다는 말이 인상적이에요.

'일놀놀일'이란 단어를 좋아해요. 일하면서 놀고, 놀면서 일하고요. 배민 마케터들이 다 그래요. 놀이처럼 일을 하니까요. 또 놀면서도 일이 되기도 해요. 놀다가 "우리 〈목글〉 할까?" 이렇게 프로젝트가 되기도 하고요.

'일놀놀일'이란 단어를 처음 들어봐요. 정말 재밌는 신조어네요. 모두가 다 가능할 것 같진 않아요. 일단 일하면서 논다는 것이 아직은 좀 낯설어요.

'일놀놀일'을 하려면 기본적으로 일을 좋아해야 하는 것 같아요. (웃음) 그런데 일을 좋아하게 만든 게 회사 문화였어요. 규율은 엄청 빡센데 자유로워요. 그래서 저는 회사 출근할 때 PC방 가는 느낌이었어요. 그냥 출근하면 책상에 와서 컴퓨터를 하고, 카페 가서 하고 싶으면 카페에서 하고, 회의 있으면 가고, 그러니까 되게 자유로운데 마감일에는 결과물이 있어야 하고 그랬어요.

수직적인 건 별로 없나 봐요?

그런 건 되게 수직적이에요. 뭔가 직책을 부른다든지, 결정을 하는 거는요. 그런데 결정은 결정권자가 다 책임지니까, 저는 책임 안 지니까. (좋은 거죠?)

저처럼 '일놀놀일' 분위기를 모르는 사람들은 책이 나오면 엄청 부러울 것 같아요. 보통 회사에서는 동료들과 갈등도 많잖아요.

저도 갈등은 많았어요. 그런데 이게 일을 하기 위한 갈등인 거잖아요. 사람 대 사람으로가 아니라요. 그래서 사실 〈두낫띵클럽〉을 할 수 있었던 것도 꾿이 회사 동료였기 때문인 것 같아요. 그냥 친구였다면 못 했을 것 같거든요. 원래 친구들과 만날 때의 저는 놀기만 하면 되니까 편안하고 여유로운 모습인데, 회사에서 만난 동료들은 일로 저를 아는 거잖아요. 친해진 것도 막 싸우면서 친해진 거예요. 몇 년 동안요.

'아 재는 감정 기복이 심한 애지. 아 재는 이런 건 잘하지만, 이런 건 못 하지.' 이걸 6년에 걸쳐 알게 된 거죠. 엄청 싸웠죠. 그래서 서로가 잘하고 못하고를 너무 잘 알아요. 그래서 배민 동료들이랑은 퇴사해서 대화하다가도 일이 될 수 있는 거예요. '너는 그럼 이거 맡아, 이건 내가 할게' 이렇게요. 못하는 건 서로 절대 안 건드리고요. 서로 어떤 부분에서 갈등이 일어날지 아니까요. 그래서 〈두낫띵클럽〉으로 제안이 들어올 때도 만약 둘 중 한 명이라도 싫으면 절대 안 해요. 일로 만난 사이여서 가능한 것 같아요. 친구로 친해져서 일을 한 게 아니어서요.

그런데 친구랑 일하면 다시 그 싸우는 과정을 반복해야겠네요.

네, 엄청 싸우고 절교할 것 같은데요. (다 같이 웃음) 그래서 친구들은 맨날 그래요. "회사에서 나 또 싸웠어" 하면 "뭐 네가 화를 내?" 하고 놀라요. 친한 친구들은 아직 제 다양한 모습을 모르죠.

이건 또 다른 질문인데요. 회사에서 싸운 건 어떻게 풀어요? 감정이 올라오잖아요. 얘는 왜 이걸 안 해주지, 왜 이만큼 안 해주지, 그럼 이게 다른 걸로도 번지잖아요. 화난 포인트가 아닌 다른 행동이나 또 말로 삐죽하게 나온다든가요. 이게 악순환이 될 수 있는데 어떻게 풀고 그래요?

오래 끌지 않았던 것 같아요. 바로 사과를 한다든지요. 그날은 기분 나쁘니까 막 욕도 하고, 야근하다가 집에 가버리고, 카톡이나 라인으로 막 싸우지만요. 그러다 다음 날에는 바로 사과하고 "커피 한잔하자" 이렇게 다가가죠.

저는 <두낫띵클럽> 보면서 듀오로 일한다는 게 너무 부러웠어요. 마치 밴드로 활동하는 뮤지션들처럼요. 그런데 이 부러운 합이 그냥 나온 게 아니군요.
맞아요. 저는 일하면서 갈등이 없을 수는 없다고 생각해요. 그런 시간을 거쳐야 함께 일할 수 있고요.

그런데 이렇게 끓어오를 때도 있지만 금방 지치기도 하잖아요. 본업만 하기도 바쁘고요. 어떻게 계속 사이드 프로젝트를 하는 에너지가 나오는지 궁금해요. 사이드 프로젝트도 위기가 오잖아요. 그럼 의지가 꺾이고 기존 템포로 가기가 어려운데, 사이드 프로젝트를 지속하게 하는 방법이 있는지 궁금해요.
원동력은 너무 식상할 수도 있을 것 같은데요, '재미'예요. 돈과 관련이 없을수록 더 재미있더라고요. 자유도가 높아지니까요. 만약 돈을 벌려고 생각하면 저는 스트레스부터 받을 것 같거든요. '사업을 하기 위해선 어떻게 해야 하지? 매출을 올리려면 어떻게 해야 하지?'라고 생각하기 시작하면 너무 스트레스받을 텐데, 제가 했던 프로젝트들은 일단 나에게 자유를 주자는 마음이 컸어요. 특히 〈두낫띵클럽〉은 꾿이랑 가설 검증의 시간을 좀 갖자고 이야기하기도 했어요. 우리가 회사를 다니지 않고도 다양한 걸 해볼 수 있을까 시험해보고 싶었거든요. 그리고 이제는 해볼 수 있다고 결론을 내렸어요. 자유롭고 즐겁게 일하는 것도 가능하더라고요. 돈과 상관없이 재밌으니 이 일을 계속하겠죠. 결국 새로운 것에 대한 경험과 재미, 이 두 가지가 제 원동력이고 에너지인 것 같아요. 신기한 건, 이렇게 다양하고 작은 재미를 추구하다 보면 무엇으로든 이어지더라고요. 그래서 늘 여러 분야에 관심을 두려고 해요.

트레블러시네요.

왜요, 왜요?

인생의 여행자이니까요. 여러 필드를 경험하면서요.

맞아요. 그래서 똑같은 거 하는 걸 별로 안 좋아해요. 새로운 것에 대한 경험 때문에 에너지가 생기는 것 같아요. '오 저거 뭐지, 나 한 번도 안 해봤는데' 그런 거요. 아까 재원 님의 부캐라고 했던 콘택(현대무용의 한 장르) 같은 거요. 오, 재미있겠더라고요.

제가 다음 책을 또 쓸 거냐는 질문을 많이 받거든요. 그런데 책을 내는 것도 패턴이 되어버린 거예요. '글을 왜 쓰고 싶은지 생각을 좀 해봐야겠다, 재미없으면 그냥 하지 말아야겠다. 아니면 다른 형식을 고민해봐야겠다' 이런 생각을 해요.

그리고 저, 지칠 때는 그냥 안 해요. 아예 안 해서 지루할 때까지 무기력하게 보내요. 그래서 너무너무 지루해서 이제는 안 되겠다 할 때 다시 시작하는 것 같아요.

매주 목요일에 글을 쓴다든가 하는 건 멈출 수 없잖아요.

아, 물론 그런 건 책임감 때문에 하죠.

그럼 멈출 수 있는 건 어떤 거예요?

멈출 수 있는 건 사람이나 돈과 연결되어 있지 않은 것들요. 연재 중인 칼럼은 마감일이 있어서 해야 하는 약속이니까 꼭 지켜야죠. 그건 막 괴로워도 해요. 그럼 무기력하지 않아요. 그런데 만약 저 혼자 하는 독립 출판, 하고 싶을 때만 하는 프로젝트들은 생각 없으면 안 해요. 〈유즈드 프로젝트〉도 지금 안 하고 있거든요. 〈잡업사〉도 친구들이랑 하다가 해보니까 재미없어서 지금 닫았어요.

그런데 안하면 사람들이 뭐라고 안 해요?

네. 어차피 제 자유고, 제 의사니까요.

심지어 <라이프쉐어>도 한두 달 쉰 적이 있어요. 그런데 아무도 모르더라고요. 생각보다 사람들은 남에게 관심이 없어요.

그때마다 쉬어줘야 해요.

요즘 가장 두려운 건 뭐예요?

예전에는 초조한 게 두려웠어요. 돈 없어서 초조하고 그런 것들이요. 그런데 요즘에는 뭔가 들뜨지 말아야겠다는 마음이 있어요. 그게 좀 두려워요. 감정이 들뜨면 말이 잘못 나간다든지 실수를 해요. 이건 SNS 때문에 생긴 후유증인 것 같은데, 그래서 요즘 SNS를 일부러 멀리하는 것도 있어요.

넷플릭스 다큐멘터리 「소셜 딜레마」가 생각나네요. SNS의 극심한 중독과 그로 인한 부작용들을 고백하는 내용의 다큐였죠.

저도 봤어요! 저는 단타 콘텐츠를 잘하는 사람인 것 같아요. 빨리 공유하는 거요. 반대로 말하면 쌓아가는 콘텐츠를 못해요. 마치 김치처럼 묵혀두는 거요. 그래서 주변에서 조언을 많이 해줬어요. "숭, 너는 조금만 묵히는 콘텐츠를 해봐도 좋을 것 같아. 지금 막 올리고 싶은 걸 참고 생각을 계속 묵혀봐." 그런데 그게 잘 안 되더라고요. 그래서 들뜨지 않고, 조금 더 내면에 귀 기울여서 쌓아나가고 싶어요.

가슴 뜨거운 사람들의 특징일 수 있죠. 저는 요즘 숭 님을 보면서 그런 생각을 했어요. 아, 이분 강을 건넜구나. (웃음) 본캐인 '마케터 숭'을 잠시 그만두고, 다양한 부캐의 삶을 실험적으로 살고 계신 것 같아요. 내 안의 여러 모습을 적극적으로 꺼내서요. 두낫띵클럽, 인스노트, 유즈드 프로젝트. 목글, 때로는 여행자, 수집가, 블로거, 유튜버… 이런 본격 부캐로서의 삶은 어때요? 고민도 있을 것 같은데요.

맞아요, 맞아요, 맞아요. 퇴사 후 제 활동들을 보시고 여러 제안이 왔어요. 한번 강연하면 다른 곳에서도 불러주시는 것처럼요. 그래서 저희 동료들이 "원 없이 해라" "아주 보기 좋다" 이런 말을 많이 했어요. 아무래도 회사 다닐 때보다는 시간도 몸도 자유로우니까요.

요즘은 그냥 다 해보고 있어요. 실험하듯요. 제가 결혼을 했거나

가족을 부양해야 하거나 조건이 하나라도 걸렸다면 이렇게 못 했을 거예요. 이 시기가 인생에서 길지는 않겠구나, 지금밖에 없구나 싶어요.

퇴사하고 나에게 1년 동안 방학을 주자 해서 1년은 돈이 떨어져도 초조해하지 말고 회사도 안 들어가겠다고 결심했어요. 그런데 다음 달이면 1년이 돼요. 기간을 연장할 것인가, 어떻게 해야 할 것인가가 요즘 저의 고민이에요.

사실 부캐를 살아본다고 해도 돈과 상관없이 재미를 추구하다 보니 정말 다 돈이 안 돼요. 점점 퇴직금도 떨어져가고, 돈을 버는 생산적인 활동을 해야 하는데 그런 것에 대한 고민도 좀 있죠.

안정감이 필요하진 않나요? 소속이 없다는 불안감 때문에요.

지금은 아예 없지만 퇴사하고 한두 달 때까진 있었어요. 그때는 어디 소속도 없고 집에서 아무것도 안 한다는 죄책감이 컸죠. 그러다 〈두낫띵클럽〉을 시작하면서 괜찮아졌어요. 시작은 끝이 제안한 거예요. "숭, 왜 이렇게 불안해해. 쉬려고 퇴사한 건데 왜 이리 가만히 있질 못해" 하면서요.

끝 님이 진짜 어른이네요.

끝은 진짜 저랑 달라요. 자유로운 영혼이죠.

말씀하시는 느낌이 약간 낙향한 선비 같아요.

네, 약간 한량 같은. (웃음) 꿈은 없으면 벌면 되지. 이런 주의예요. 지금은 저도 회사 나온 지 좀 됐고, 덕분에 불안하지는 않아요.

사이드 프로젝트가 안정감을 준 걸까요. 아니면 마음의 변화일까요?

마음의 변화 같아요. 시간이 지나니깐 자연스럽게 좋아졌어요.

그럼 이제 안정감도 생겼겠다, 방학도 방학이 아닌 게 되고 지금의 삶이 정착될 수도 있으니 다시 소속감을 가질지 말지 고민이 좀 되겠어요.

사실 창업 생각도 없고, 또 사람들이랑 함께하는 걸 좋아해서 직장에 들어가긴 할 것 같은데요. 예전과 다른 게 있다면 그때는 회사에만 올인하지 않을 수 있을 것 같아요. 올인하지 않는다는 것이 좀 이상하긴 한데, 회사가 곧 나라고 생각하는 '회사 인간'이 되지 않으려고요. 그냥 그 회사에서의 나도 나고, 다니다 별로다 싶으면 퇴사하면 되고. 이런 마음의 여유가 생기긴 했어요.

요즘은 계약직도 많이 하고, 프로젝트 단위로도 일 많이 하니까요.

아, 요즘에 아르바이트나 계약직, 그런 거 진짜 상관없겠다는 생각이 더욱더 들었어요. 하고 싶기만 하다면요.

앞으로 어떻게 살고 싶어요? 본인에게 성공의 정의는 무엇인가요?

다 같이 행복한 삶요. 저 혼자 말고요. 저는 사람들이 행복할 때 행복하거든요.

'다 같이'에서 '다'는 누구에요?

가족, 친구, 동료, 내 눈에 보이는 모든 사람들요. 저는 진짜 영향을 많이 받아요. 나라가 불행하면 저도 불행하게 느껴지고요. 그래서 어떻게 보면 크고, 어떻게 보면 작은 꿈일 수 있는 게, 올해는 여러 이슈가 참 많았잖아요. 그래서 행복의 기준점이 다들 낮아진 게 아닐까 싶어요. 오늘 하늘이 예쁘거나 날씨만 좋아도 엄청 행복해했으니까요. 전 그럴 때 오늘은 성공한 인생이라고 느껴요.

저는 사이드 프로젝트를 진행하면서 매력적으로 사는 분들을 많이 만나왔는데요, 그분들과 숭 님이 결정적으로 다르다고 느낀 게 있어요. 타인에게 전부 반응한다고 해야 할까요. 인스타그램 팔로워 분들이 따라서 올리는 게시물도 전부 리그램해주시잖아요. <인스노트> 같은 것들도 막 쓰라고 공유하고요. 이런 모습이 다르다고 느꼈어요. '아 이 사람 대인배인가?' 하고요. 저는 그런 숭 님의 마음이 궁금했어요. 행복의 기준의 연장선상이라고 봐도 될까요?

네. 저는 다 같이 하는 게 좋아요. 다 같이 하는 게 좋고, 저도 무언가나 누군가에게 영감을 받아서 뭔가를 하고 있는 걸 테니까요. 마찬가지로 제가 누군가에게 부스터가 될 수 있다면 기운을 불어넣어주고 싶어요. 그래야 저도 재미있게 하는 거예요. 저 혼자 하는 건 진짜 재미없는 것 같아요.

제가 인터뷰하면서 느낀 건데요. 숭 님은 참 좋아하는 게 많다는 생각이 드네요. 친구들, 주변 사람들, 오래된 물건들, 영감을 주는 것들 등등요. 숭 님은 어떤 걸 사랑하는 사람이에요?

저는 진짜로 좋아하는 게 많아요. 다 진짜 사랑해요. 사람은 누구나 처음엔 가진 것 없이 태어나잖아요. 제가 정말 감사한 게, 혼자 한 건 하나도 없어요. 태어난 것도 부모님 때문에 태어났고, 책 한 권도 출판사에서 그렇게 많이 노력해주시고. 살아오면서 덕분이라는 걸 많이 느끼다 보니까, 더 감사하고 사랑하게 되는 것 같아요.

또 인터뷰 중에 '동료들', '주변 사람들' 이런 단어를 많이 사용하셨어요. 숭 님에게는 주변 사람들이 무척 중요하신가 봐요?

중요하죠. 직장 다닐 때 상무님이 저한테 했던 인상적인 말이 있는데요, 2년 전쯤에요. 회사에 있을 때 저를 불러서 그러셨어요. "너는 주변 사람들한테 영향을 많이 받는 걸 아니?" 그러시면서, "좋은 사람들하고 있을 때는 네가 아주 좋아지는데 좀 안 좋은 환경에 있을 때는 진짜 네가 최악이다. 그래서 네가 지금 최악이다"라는 거예요, 저한테. (웃음) 끝까지 "너는 의도적으로 네가 좋은 데 있어야 해. 의도적으로 좋은 사람들 사이에 있어서 너를 계속 가꿔"라고 해주셨죠.

그때 제가 어둡고 안 좋은 기운을 보였나 봐요. 그래서 상무님 이야기 듣고 좋은 것들을 더 경험하면서 의도적으로 더 좋은 영향을 받으려 하게 됐어요. 어떻게 보면 다 저를 위한 것들이죠. 또 그걸 나누고요.

맞아요. 숭 님은 정말로 나누시더라고요. '나 예쁘지, 나 돈 많잖아, 내 감성 쩔지,

너네 위로받아' 이런 일방적인 나눔이 아니고, '우리 같이해요, 마음껏 쓰세요' 같은 느낌요. 사실 인기가 생기면 더 멋을 부리기 쉽잖아요. 그런데 당연한 길과 반대로 가시니까 인상 깊었어요.

오.

마지막으로 이런 프로젝트를 시작하고 싶은데, 내 다른 부캐를 꺼내고 싶은데 머뭇거리고 있는 사람들에게 한마디 해주신다면요? '난 특별하지 않고, 시간이 없어. 나이가 많아.' 이런 분들에게요.

저는 한 번 살다 죽는 인생. 한 가지 모습만 가지고 살기에는 너무 아깝지 않나 싶어요. 좀 다양한 모습들을 꺼내봤으면 좋겠다고 생각해요. 최소한 내 주변의 단 한 명에게라도 "왜 이렇게 변했어?" 이런 소리는 한번 들어봐야 하지 않을까요. 책에서 읽었는데, '매력적이다'라는 단어 안에는 미적으로 좋은 것도 있지만 '이상하다'라는 뜻도 들어 있대요. 이상한 것에서 사람들이 매력을 느낀다는 거예요.

의외성 같은 거군요.

우리가 맨날 보는 뻔한 것에선 매력을 느끼지 않잖아요. 근데 처음 봤을 때 이거 뭔가 이상한데 싶은 건 매력의 첫 번째 신호라고 생각하거든요.

사실 어차피 죽을 건데 이런 거 왜 하냐고 하면 아무 할 말이 없죠. 자기 안에 수많은 것들이 있는데, 죽기 전에 꺼내놓아야 후회

하지 않을 것 같아요.

어떻게든 선물 같은 삶이 주어진 거니까요.

맞아요. 존재감을 만드는 건 중요한 일이에요. 먼지같이 사라지기엔 우리 인생이 너무 아깝잖아요.

@_april_lee__ INTERVIEW BONUS STAGE

본캐 : 이지현 / <널 위한 문화예술> COO

부캐 : <줌줍> 매니저, 예술 옹호론자

약속 시간에 조금 늦게 도착한 지현 님은 다소 경직된 표정이었다. 오늘 하루 종일 회사에 새로 들어올 팀원들의 면접을 봤다고 한다. 그래서 지금 조금은 정신이 없다고 자신의 버퍼링을 고백했다. 자신의 상태나 기분을 숨김없이 표현하는 지현 님은 아직 20대다. 하지만 예술 씬에서 떠오르는 미디어 스타트업 <널 위한 문화예술>을 이끌어가는 임원이자, 예술경영 소식지 구독 서비스, 네이버 카페 등의 개인 프로젝트로 하루에도 수천 명과 소통하는 프로 사이드 프로젝터다. 페이스북 페이지 <예술경영 대학원생이 등록금이 아까워 만든 페이지>, 네이버 카페 <줌줍> 모두 그가 대학원 1학기 때 만든 작품이다.

처음 듣는 신조어를 유창하게 말할 줄 알면서도 일을 할 때는 꼿꼿한 자세로 무섭게 몰입하는 지현 님은 이 책을 준비하면서 가장 많이 떠올린 사람 중 한 명이다. 사실 예술경영이나 문화계는 20대가 자신의 이름을 알리기엔 쉽지 않은 영역이다. 그런데 그는 일찌감치 자신만의 개인 브랜드를 구축해왔다. 처한 상황을 되돌아가지도, 참지도 않으며 가진 소스를 잘 활용해 적극적으로 길을 개척했다는 점이 인상 깊었다. 지현 님은 본인도 모르는 사이 사이드 프로젝트의 순기능을 너무나 잘 활용해온 것이 분명했다. 그리고 본캐와 부캐의 시너지를 활용하며 오늘도 무섭게 성장하고 있다. 오늘은 그동안 품었던 궁금증들을 잔뜩 풀어놓을 시간이었다. 그런데 내가 질문을 하기도 전에 짧은 휴식 시간 동안 빠르게 충전된 그의 경쾌한 질문이 먼저 날아왔다.

그런데 본캐, 부캐가 정확히 어떤 뜻인가요?

예를 들어 국민 엠시 유재석 씨 같은 경우 평소 본인의 이미지로 인해 오히려 하기 힘든 활동들이 있었을 거예요. 시청자들이 유느님께 기대하는 바가 있을 테니까요. 하지만 트로트 가수 '유산슬', 90년대풍의 가요를 부르는 싹쓰리 멤버 '유두래곤'이라면 이야기가 달라집니다. 본캐에서 보여줄 수 없었던 모습도 부캐로서는 얼마든지 보여줄 수 있거든요. 제주도에서 요가를 수련하며 자연주의로 살고 있는 이효리 씨도 명품 쇼핑을 좋아하는 재미교포 미용사 '린다G'라는 부캐를 통해 평소라면 볼 수 없었을 모습을 보여주었어요. 어째서 부캐 놀이가 유행하게 된 걸까요. 아무래도 본캐에 대한 기대가 부캐에는 없으니까 부담을 내려놓고 즐길 수 있기 때문일 거예요. 이런 부캐를 시청자들도 불편해하기보다는 더 즐거워하고 있어요. 콘텐츠 창작자도 자신이 꺼내보지 못한 여러 페르소나를 실험할 수 있고, 인생을 몰빵하지 않는 것이 오히려 더 효과적이고 즐거울 수 있다는 것을 보여주는 최근 트렌드인 것 같아요.

아하 그렇구나. 이제 알겠어요. 우선 사회적으로 제 본캐는 역시 '정보 전달자' 같아요. 부캐는 '공부하는 사람'이고요. 그런데 저는 부캐를 너무 사랑해서, 나중에는 본캐로 만들고 싶네요. 마음속으로는 예술가적인 면모를 많이 개발해서 표현하고 싶은 욕망이 있거든요. 그래서 문학작품을 써보고 싶다는 욕심도 있어요. 지금은 문화예술에 관련한 소식들을 많이 전하는 계정을 운영하고 있는데, 여기에 갑자기 제가 쓴 글들을 올리면 사람들이 이상하게 생각하겠죠? 하지만 나중에는 꼭 해보고 싶어요. 광화문 글짓기 대회 같은 데도 나가보고 싶고, 신인 문학상 등단도 준비하고 싶어요.

노벨 문학상도 받고 싶고요. 지금도 여행 다니면서는 혼자 매일 글 쓰고 해요. 이런 욕망은 또 다음 사이드 프로젝트로 실험해볼 수 있겠죠? 익명의 부계정 하나 만들어서, 글을 계속 올리면서요. (웃음)

와, 좋네요. 제가 지켜본 지현 님은 하고자 하는 것이 생기면 사이드 프로젝트를 이용해서 잘 구현해내는 능력이 있는 분이에요. 그래서 나중에 문학작품도 충분히 쓸 수 있다고 생각해요. 오늘은 어떻게 지난 사이드 프로젝트들이 생겨나고, 진화해 왔는지 실컷 듣고 싶어요.

그럼 저는 제 고등학교 이야기부터 시작하고 싶어요. 저는 고등학교 때 공부 하나는 열심히 하는 학생이었어요. 사실 노잼이었죠. 절대 흥이 많은 성격은 아니었어요. 소위 말하는 인싸도 아니었고요. 그런데 공부를 되게 열심히, 또 재미있게 했던 이유는 공부를 어려워하는 친구들에게 제가 가르쳐주는 게 재미있었기 때문이에요.

학교에서 전교 1등으로 졸업을 했어요. 그런데 입시를 정말 폭망했죠. 보통이라면 재수를 했어야 해요. 그건 너무 당연한 거였죠. 그런데 저는 오히려 너무 홀가분했어요. 정말 열심히 했기 때문에 후회가 없었고, 또 제가 공부를 열심히 한 이유가 좋은 대학을 가기 위해서는 아니었거든요.

원래는 선생님이 되고 싶었어요. 재미있게 잘 설명하는 것을 좋아해서요. 교대를 가지 않아도 할 수 있지 않을까 생각이 들어서 점

수에 맞춰서 대학에 갔어요. 그런데 그때 처음 느꼈어요. '아, 내가 제도권을 뚫는 건 어렵겠구나'. 수능은 내신과 다른 차원의 문제였던 거예요.

수능은 단기적인 집중력과 시험 잘 보는 법을 파악하는 게 중요한데, 그건 또 다른 머리가 발달해야 하는 것 같더라고요. 한계를 깨달았지만 저는 또 열심히 하는 장점이 있으니까 괜찮을 거라 생각하고 대학을 갔어요. 그런데 실은 알게 모르게 열등감으로 남아 있었던 것 같아요. 그래서 제가 경영학과를 가더라도 절대 대기업에는 못 갈 거라고 스스로 생각을 했어요.

이번에도 수능 때처럼 못 뚫을 거란 생각이 들었을 수도 있겠네요.

맞아요. 대기업을 가기 위한 시험과 면접을 못 뚫을 테니까요. 남들이 생각하는 좋은 기업에는 못 들어가겠다 생각했기 때문에 오히려 제 장점을 살리면서 살 방법을 일찌감치 터득한 거죠.

처음부터 예술에 엄청 관심이 있는 학생은 아니었어요. 저는 경영대학을 다니고 있었고, 어릴 때부터 예술가적 기질이 있거나 그런 것도 전혀 아니었고요. 하지만 혼자서 공부는 많이 했었어요. 학부 때부터 등록금이 너무 아까웠거든요. 그래서 무조건 전공을 하나 더 공부해야지 다짐했어요. 우연한 계기로 미술사와 미술이론에 관심이 생겼지만 배우는 과정이 쉽지는 않았어요. 부전공을 하기 위해선 포트폴리오가 필요했는데, 퀄리티가 정말 별로였거든요. 도화지에 수채화 같은 것을 그려갔더니 교수님이 다른 의미로 참 참신하다는 말씀을 해주시더라고요. 그렇게 어렵게 회화과 부전공을 하게 됐죠. 당시 학부에 미술 이론 수업이 많지가 않아서 어쩔 수 없이 실기 수업도 많이 들었어요. 그런데 그게 제 인생의 터닝 포인트가 된 거예요.

저는 항상 열심히만 하는 학생이었어요. 경직되어 있고, 재미없는 학생. 그런데 회화과 수업은 너무 재미있는 거예요. 경영학은 정해진 답을 찾아가는 건데, 예술은 계속 질문만 생겨나고, 또 계속 비평을 해요. 그리고 회화과 학생 특유의 나른함도 있었어요. 제가 만나보지 못한 다른 유형의 학생들이었죠. 매일 실기실에서 밤새 이야기하는데 작업이 진척되지는 않는 나날의 연속이었어요. (웃음) 학점은 같이 말아먹고 참 재미있었죠. 그러면서 3학년 2학기부터 4학년 때까지 계속 회화과 수업만 들었어요. 완전 몰입했죠.

예술가적 기질이 있었던 것은 아니지만, 그때 들었던 실기 수업으로 인해서 이게 예술이라는 걸 처음 알게 되었어요. 운동장에서 초 하나 놓고, "이거 작품입니다"도 해보고, 행위 예술도 해보고, 공간 연출한답시고 종로에서 천 떼어다가 학교 곳곳에 뿌리는 장난꾸러기 같은 작업도 해보았어요. 조악했지만 이게 또 다른 학문이라는 걸 그때 처음 알았어요.

그런데 고학년으로 올라가면서 궁극적으로 뭘 먹고 살아야 하나 고민할 시기가 왔죠. 취업하기에는 자신이 없었어요. 막연히 예술 쪽으로는 뭔가 잘할 수 있을 것 같았지만요.

그래서 예술경영 대학원을 선택하셨군요. 이 시기도 지현 님께 엄청난 터닝 포인트였을 것 같아요.

사실 홍대를 가야겠다고 생각한 건 단순한 이유였어요. 홍대가 스웩이 있잖아요. 자유롭고 여유로워 보이는 분위기 말이에요. 말하다 보니 부캐에 많이 맞닿아 있네요. 내가 그런 자유로운 영혼이고 싶었고, 내 안의 예술가적 기질을 잘 살리고 싶었으니까요.

그런데 대학원도 또 입시니까, 미학과 같은 곳은 제가 합격도 못할 것 같았어요. 거기는 논술도 봐요. 아, 또 안 되겠다는 생각이 들었어요. 그 와중에 예술경영학과 합격이 쉽다는 이야기를 들었어요. 시험이 없고, 면접만 보니까요. 신생 학문이어서 많이 뽑더라고요. 그래서 일단 가자는 마음이었어요. 대학 입시 때와 마찬가지로 대학원도 저만의 방법을 찾은 거죠. 그렇게 예술경영 대학원에 들어오게 됐어요.

그런데 거기서 수업을 듣는데 재미도 있고 좋지만 이래서는 앞이 안 보인다는 생각이 들었어요. 대학원에서 이렇게 몇십 명이 수업을 듣는데, 예술 쪽에서 돈도 안 되고 취업도 마땅치 않고, 등록금도 장난 아니었거든요. 뭐라도 해야겠다 싶어서 만든 게 페이스북 페이지였어요. 사실 그 채널을 시작으로 지금까지 오게 됐죠.

이 이야기가 최재원 작가님이 생각하는 본캐와 부캐, 본업과 사이드 프로젝트와 조금 다를 수도 있겠어요. 저는 이런 예술경영 채널 활동을 하다가 〈널 위한 문화예술〉에 스카우트되어서 일을 하게 된 케이스니까요.

아니에요. 제가 생각하는 이상적인 모습이에요. 이지현이라는 사람이 그런 SNS와 오프라인 활동을 안 했더라면 스카우트도 안 되었겠죠. 내가 했던 사이드 프로젝트가 나에게 도움과 기회를 준 것이니까요. 페이스북 페이지를 만들었던 건 어떤 답답함 때문이었나요?

맞아요. 답답함 때문에 만들었어요. 답답한데 창구가 없었으니까요. 대학원 말고는 어디서 사람을 만나야 할지도 모르겠고. 그래서 답답해서 새벽 4시쯤 〈예술경영 대학원생이 등록금이 아까워 만든 페이지〉라고 페이스북 페이지를 만들었죠. 제목으로 일부러 어그로(주목)를 끌었어요. '주절주절맨'이 되는 페이지가 잘 먹힐 것 같았거든요.

'주절주절맨'이 뭔가요?

설명이 딱 떨어지는 페이지가 아니라 주절주절 하소연하듯 썼어요. 그런데 이게 생각보다 반응이 좋았어요. 사람들이 페이스북 페이지 제목에 우선 호기심을 보이더라고요. 왜냐면 공감을 할 수밖에 없으니까요. 다들 저처럼 답답했을 거 아니에요. 사람들이 몰려

왔고, 팔로워가 조금씩 늘었어요. 솔직히 그 뒤에 뭘 올려야 할지는 다음에 생각했어요.

이제 책임을 져야 하니까요?

네. 그래서 일단은 내가 아는 것부터 올려보자고 마음먹었어요. 예술경영이란 무엇인가부터 시작해서 그냥 내가 할 수 있는 이야기를 조금씩 올리며 콘텐츠 감을 잡았어요. 그땐 또 페이스북이 한창 활성화되던 2016년도 초였거든요. 그래서 공유도 100번씩 되기도 하고 잘됐어요. 그때가 아마 대학원 들어가고 한 달 뒤쯤일 거예요.

판단이 빨랐네요. 쉽지 않았을 것 같아요.

그 당시에는 대학원 그만둬야 하나 싶을 정도로 심각하게 고민하고 있었을 때여서요. 신생 학문이라 학교에서 개설된 지 얼마 안 되었기 때문에 시스템도 살짝 부족했고요.

그런데 이 페이지가 커지면서 누가 이 페이지를 운영하나 사람들의 궁금증이 커지게 됐어요. 저는 제가 운영한다는 걸 밝히지 않았거든요. 극소수의 제 친구들만 알고 있었죠. 그 친구들이 건너 건너서 이런 이야기를 해주더라고요. 이게 조금 더 커지면 문제가 될 수도 있을 것 같다고, 예술경영 대학원에 있는 교수님들은 기분 나쁠 일일 수도 있을 거라고 말이죠. 사실 제가 하려 했던 건 비난이 아니었어요. 뭐라고 해보고 싶은 마음에 예술경영을 알리는 콘텐츠를 만든 거였는데… 어쨌든 겉모습만 봤을 땐 대학원에 굉장히 불만이 있는 학생이 이를 고발하려는 페이지처럼 보일 수 있었던 거죠. 도발적인 페이지 이름이었죠. 교수님들도 이게 누가 만든 건지 궁금해하고 있었고, 저도 한두 달 뒤에 공유 횟수가 천 단위로 커지니까 무서웠어요. 이 페이지를 보는 사람들이 대중이라기보다 예술경영 대학원생이다 보니까요. 커뮤니티가 좁으니 말이 다 돌게 되는 거였죠. 그래서 교수님들이 운영자가 저인 걸 알면 논문 통과도 안 시켜주겠다 싶었어요.

계속 운영하기는 어려웠겠네요. 지금은 다들 알고 계시잖아요. 그럼 그때는 어떻게 정리했어요?

그래서 네이버 카페를 만들었어요. 이름은 〈예술경영 플랫폼〉으로요. 이때 사람들 모이는 게 신기해서 오프라인 모임도 막 했었어요. 커뮤니티의 맛을 봤죠. 왜냐면 제가 사람을 만나고 싶어서 만든 것이니까요. 목적이 뚜렷하진 않았지만, 오프라인 모임도 만들었어요. 다른 예술경영 대학원생은 어떤 사람들인지, 어떤 꿈이 있는지 궁금했어요. 저처럼 예술계에서 뭔가 해보고 싶은데 뭘 해야 할지 모르는 사람들과 만나면 좀 풀리지 않을까 했던 거죠.

<예술경영 플랫폼> 말이 굉장히 크네요.

그 당시 또 플랫폼이란 말이 한참 유행이었어요. 너무 보통명사처럼 지었죠? 하지만 찾아봤더니 아무도 사용한 적 없어서 지었어요. 오프라인 모임을 하면서 각 대학의 예술경영 대학원생 모임이 만들어졌어요. '1회 간담회'라고 해서 모임 모집 글을 올렸는데 신청이 폭발적이었어요. 서울예대, 계원예대, 추계예술대학, 동아대, 중앙대, 경희대 등 골고루 한 학교에 한 분씩 오셨죠. 신촌에 스터디 룸을 빌려서 열 명 정도 만났어요. 그때 저는 미술에만 관심이 있었는데, 오셨던 분 중 뮤지컬에 관심이 있는 분들도 있었고요. 예술경영이라는 게 생각보다 범위가 넓다고 느꼈죠.

페이스북과 네이버 카페를 둘 다 운영해보셨는데 두 채널의 차이점은 무엇일까요. 모이는 사람들의 특징이나 성격도 다를 것 같은데요.

페이스북은 SNS 채널이다 보니까, 당연히 올드 미디어에 비해서는 쌍방 소통이 되지만, 계속 이곳에 머무는 느낌이 아니었어요. 좋아요는 눌러도 쉽게 흩어지는 거죠. 하지만 카페는 좀 달랐어요. 더 편안하고, 여기서 깊은 대화가 이뤄지곤 했어요. 페이스북은 실명이라 사람들이 댓글을 잘 안 남겨요. 저는 계속 사람들을 모으고 모임을 해야 했고, 마침 페이스북 채널 이름도 위험하고 해서 네이버 카페로 바꿨죠. 조금씩 조금씩 회원이 모였어요. 지금 한 7천 명 정도 돼요.

페이스북도 카페도 지현 님 개인의 니즈에서 출발했어요. 이게 또 다른 개인의 니즈로 연결되면서 폭발력을 가졌고요. 두 채널 모두 지현 님과 같은 생각을 가진 사람들에게는 샘물 같은 곳이었겠어요. '여기 가면 정보를 좀 얻을 수 있대' 하는 곳요.

사실 이쪽 정보가 폐쇄적이란 생각을 많이 했어요. 대학원은 중요한 결정이었는데 너무 쉽게 결정했다는 후회가 들 때도 있었어요.

그래서 이런 정보가 좀 더 많이 오픈됐으면 좋겠다고 생각했고, 당시 국내에 어떤 예술경영 대학원이 있는지 카드뉴스로 만들기 시작했죠. 그랬더니 실제로 예술경영 대학원 준비하는 사람들이 도움을 많이 받았다고 하시더라고요. 내가 누군가에게 도움이 되고 있다는 뿌듯함이 엄청 컸어요. 저는 대학원 등록금 아깝다고 해놓고, 역설적으로 영업을 했던 거죠.

사이드 프로젝트를 계속 하게 만드는 원동력은 이게 누군가에게 도움이 된다는 보람 때문이었네요. 선생님이 되고 싶다는 마음에도 닿아 있고요. 그다음 이야기도 좀 물어보고 싶어요. 어쨌든 페이지를 운영하는 것도 꾸준히만 한다고 되는 건 아니잖아요. 내 채널을 잘 표현하는 노하우 같은 게 있었을까요? 계속 연달아 성공시킬 수 있었던 방법요.

저는 항상 무언가를 어려워하는 사람들을 관찰했던 것 같아요. 관심을 가지고 보면 사람들이 무엇을 필요로 하는지 자연스럽게 알게 돼요. 그래서 그 시점에 사람들이 원하는 정보가 무엇인지 잘 파악했던 것 같아요. 저의 니즈에서 시작했지만 그 뒤로 콘텐츠를 꾸준히 생각하게 되잖아요. 그래야 사람들이 계속 들어오니까요. 사실 이게 분리가 되진 않아요. 제가 뿌듯함을 느끼면서도 어느 순간에는 콘텐츠 제작자가 되는 거잖아요. 콘텐츠 제작자로서 이게 공유가 많이 되면 또 기뻐요. 그래서 다음엔 더 잘되고 싶어서 더 연구하게 되고요. 계속 그런 식으로 콘텐츠를 만들었어요. 관찰하고 연구하고 그래서 기쁘고를 반복하면서요.

관찰을 통해 얻은 재밌는 성과가 있나요?

그때 제가 가장 독창적이라고 생각했던 건 논문을 카드뉴스로 설명해 주는 것이었어요. 제가 대학원생이어서 논문을 읽잖아요. 그때 논문이야말로 예술가들이 알아야 할 정보라는 생각이 들었거든요. 연구를 위한 연구는 의미가 없고, 현장에 사용되는 연구여야 하는데, 오히려 논문이 예술경영 연구자들 사이에서만 이야기되고 현장에서 연구를 기반으로 활발한 이용이 되고 있지는 않았어요.

예를 들어, 제품엔 필수재와 사치품이 있고, 예술작품엔 추상작품과 구상작품이 있는데요. 제품과 예술작품의 콜라보를 하려고 할 때 무엇과 무엇을 결합하면 좋은지 연구한 논문이 있어요. 이 논문을 예술가들도 참고하면 좋을 것 같은 거예요. 표현주의적 작품은 필수재보다 와인 같은 사치품이랑 더 잘 어울린다는 걸 알면 좋잖아요. 이런 의미 있는 연구들이 현장에 잘 배포되지 않는 느낌이었어요. 그런데 논문이 80페이지나 되니까 아무도 안 읽는 거죠. 시각적으로 잘 요약해야겠다고 마음먹고 논문을 카드뉴스로 변환하는 콘텐츠를 만들었어요. 연구자이지만 현장에 잘 연결해주고 싶었거든요.

그런데 제가 디자이너가 아니잖아요. 파워포인트로 조악한 카드뉴스를 만들었어요. 만든 콘텐츠를 페이스북에도 올리고 카페에도 올렸죠.

80페이지의 논문을 그렇게 줄이려면 상당한 공력이 필요할 텐데요. 콘텐츠를 계속 만들고, 또 기록하고 표현하는 이 에너지는 어디서 와요?

저는 솔직히 조금 에너지는 타고나는 것도 있다고 생각해요. 그런데 기본적으로 스스로 동기유발이 잘 되는 것 같긴 해요. 사소한 것도 잘했다고 생각하고 얼른 다음 스텝으로 넘어가는 거죠. 나에 대해서 그렇게 엄격하지 않아요.

이 부분 너무 좋네요. '야 이 정도면 잘했어, 그다음으로 넘어가.'

하하하. 그래서 카드뉴스 만들 때 디자인이 너무 구리다는 피드백이 많았어요. 그런데 저는 그게 중요하지가 않은 거예요. 어쨌든 공유가 많이 됐다는 것은 그래도 끝까지 쓱쓱 잘 읽혔다는 거니까요. 이런 피드백 때문에 디자이너를 찾거나 하진 않았어요. '오케이 다음, 계속하자.' 약간 이런 느낌이었어요.

어떻게 보면 기준이 명확한 것일 수도 있어요. 사람들이 이걸 좋아해주는구나를 느낄 수 있는 정확한 지표가 있으니까요. 조회수 같은 거요. 그게 만족되면 되는 거지, 부수적인 것에 그렇게 힘을 쏟지는 않았던 것 같아요.

내가 중요하다고 생각되는 것만 잘 얻고, 나머지에는 에너지를 전부 쏟지 않는군요. 완벽주의면 프로젝트 진행이 안 되잖아요.

네, 저는 완벽주의자가 아니에요.

이게 무척 좋은 부분이네요. <예술경영 플랫폼>이라는 이름이 굉장히 크니까, 어떤 사람은 콘텐츠 하나하나에 사활을 걸 수도 있거든요. 그럼 지쳐서 어떻게 끝까지 가겠어요. 지현 님을 계속 지탱했던 건 어쩌면 가벼운 마음이었을 수도 있겠네요. 그런데 그 가벼움은 어디서 온 것일까요? 교수가 아니어서 그럴 수 있었던 걸까요? 프로 연구자가 아니어서요?

솔직히 말하면 어쭙잖게 알고 있어서 그런 것일 수도 있어요. 제가 아는 선에서는 최선을 다했고요. 일희일비하는 성격은 아니에요. 카드뉴스 디자인이 별로라는 말을 들었을 때 큰 충격을 받지 않았던 것도 이미 부족한 걸 스스로 알고 있었기 때문 아닐까요?

그런데 사람들은 부족한 걸 세상에 꺼내는 것을 꺼려요.

그렇죠. 그런데 부족한 것보다 '공유'가 많이 되잖아요. 저는 그거에 훨씬 기뻐했던 것 같아요. 그래서 공유된 횟수 캡처해서 스토리에 올리고, 디자인은 숨기고 그랬어요. (웃음) 어쨌든 중요한 게 그거니까요. 숫자에 기뻐했어요. 명확하죠, 그게.

제가 볼 때 커뮤니티를 잘 이용하는 사이드 프로젝터인 것 같아요. 구독도 그렇고, 파티도 그렇고, 스터디도 그렇고 사람들을 다 모으는 거잖아요. 이런 걸 잘하게 된, 잘 이용하게 된 계기가 있을까요?

사실 〈예술경영 대학원생이 등록금이 아까워 만든 페이지〉를 만들고 끝까지 운영할 수 있었던 이유는 솔직하게 말하면 이게 돈이 되겠구나를 느낀 것도 있었어요. 무슨 말이냐면, 아무리 이 페이지가 개인적인 프로젝트일 뿐이고, 이걸 알려서 나와 같이 어려움을 겪는 사람에게 도움이 되고 싶은 마음으로 시작한 것이더라도, 재밌고 뿌듯한 일을 하면서 돈을 벌 수도 있다는 걸 알게 된 거예요.

이걸 처음 느끼게 해준 게 〈예술경영 스터디〉였어요. 페이스북 채널에 1천 명 정도 모였을 때, 책 한 권을 읽는 모임을 만들었어요. 예술경영 바이블이라고 할 수 있는 책을 함께 읽고 싶어서요. 처음엔 한 열 명쯤 모였는데 그분들께 장소 대관비만 받았어요. 제가 모집하고, 운영하고, 수업 준비도 다 해갔죠. 그런데 그때 한 분이 제가 와서 말했어요. "지현 씨, 다음부턴 돈 받아서 하세요"라고요.

스터디 2기부터는 진행비를 받았어요. 그런데 바로 마감되더라고요. 사실 누군가를 가르치는 건 진짜 조심스러운 거예요. 그때도 어쭙잖아서 더 잘할 수 있었던 것인지는 모르겠는데요, 예술경영이라는 학문에 대해서 대학원에서 배운 것도 있고, 콘텐츠를 만들며 그동안 모았던 자료도 있었어요. 워낙 고등학생 때부터 내가 아는 걸 남들에게 쉽게 전달하는 걸 좋아했던 터라 예술경영도 똑같이 쉽게 전달했어요. 열아홉, 스무 살 친구들도 왔는데 제 설명을 너무 재미있어하더라고요.

그리고 30대분들도, 어떤 분은 대기업에 다니는데 자기 인생에서 한 번쯤은 예술 쪽에서 일해보고 싶다면서 제 스터디에 오셨어요. 아무리 나이가 있어도 전공자가 아니니까 제 수업이 재미있었나 봐요. 그러고 나서 보니까요, 대학원생 때 아르바이트한다고 과외를 많이 했었는데요. 예술경영 스터디 한 번 여니까 두 달 치 과외하는 벌이가 되더라고요. 10만 원씩 열 명만 모아도 100만 원이니까요.

그때 내가 하는 활동, 만드는 콘텐츠가 비용을 지불할 가치가 있는 일이구나 처음 느꼈어요. 그전까지는 다 무료로 배포하고, 간담회도 사실 뭐 제가 돈 부담해서 사람들 모으고 그랬죠.

그런 것이 자연스럽게 예술계의 사람들을 자연스럽게 만나게 하는 초면 파티로까지 이어지고, 계속해서 페이스북, 네이버 카페도 커졌어요. 하루에도 2~30명씩 카페에 가입하니까, 아침에 일어나서 가입 신청한 사람 승인해주는 게 제 하루의 시작이었고 너무 재미있었어요. 카페 가입할 때 가입 경로를 적도록 해두었는데요, 검색해서 왔다, 친구에게 추천받아서 왔다, 이런 신청 글을 보는 게 저의 보람이었죠.

이렇게 커뮤니티를 키워나가다 어느 순간 저의 브랜드가 되려면 〈예술경영 플랫폼〉이란 이름을 바꿔야겠다는 생각이 들더라고요. 사이드 프로젝트니까 도중에 바꾸는 일도 가능했어요. 아이데이션을 많이 했는데요. 결과적으로 바뀐 이름이 〈줌줍〉이었어요.

제가 〈줌줍〉으로 바꾸겠다고 했을 때 주변에서 그게 뭐냐고 정말 반대가 많았어요. 무슨 말인지도 모르겠고, 그렇다고 이름 자체가 엄청 기억에 남는 것도 아니고, '줍줍'인지 '줌줍'인지 헷갈린다. 이런 피드백을 많이 받았어요. 그런데 참 희한한 게요, 이게 제가 원해서 하는 것이다 보니까. 사람들 말을 듣고 바꿔야 하나 흔들리지 않고, 그냥 그대로 진행했어요. 회사에서는 절대 이렇게 결정 못 하죠. 그런데 〈줌줍〉 발음이 너무 귀엽잖아요. 다른 사람들이 좋아하는지는 잘 모르겠지만요. (웃음)

이런 사이드 프로젝트 활동이 지금의 본업과 연결된 이야기도 좀 들려줄 수 있어요?

커뮤니티 활동을 하다 보니 콘텐츠를 만들고 전달하는 능력이 올라갔어요. 어떻게 말하고 어떻게 전달해야 사람들이 좋아하는지 체득하고 습관화하다 보니까 제 개인 계정으로 SNS를 할 때도 재미있게 전달하게 되더라고요. 그러면서 제 개인 SNS도 많이 커졌어요. 가끔 제가 운영하는 채널에 관한 내용을 올리기도 했어요. 〈예술경영 대학원생이 등록금이 아까워 만든 페이지〉, 〈예술경영 플랫폼〉, 〈줌줍〉의 팔로우나 조회수가 늘 때마다 개인 SNS에도 '와~ 오늘은 팔로우 5천 됐다' 이렇게 올리면 사람들이 깜짝 놀라더라고요. "이거 지현 씨가 운영하는 거였냐"면서요. 사람들이 저를 보는 세계관이 합쳐지게 된 거죠. 자연스럽게 이 채널들의 운영자라는 제 부캐가 알려졌고, 이게 제 인스타그램으로 연결되고 제 계정이 커지고, 그러니까 또 네이버 카페 유입도 많아지고, 서로 시너지가 나면서 저라는 사람 자체도 많이 알려지게 됐어요.

'예술경영지원센터'라고 하는 문화체육관광부 산하 기관에서 매주 《예술경영웹진》이라는 웹매거진을 발행하는데 거기에 제 인터뷰가 실렸어요. 그런데 우연히 제 지도 교수님 칼럼이랑 같이 실린 거예요. 그 인터뷰 링크가 교수님과 학생들 사이에서 돌면서 완전히 저의 부캐가 드러난 거죠. 오히려 마음이 후련하더라고요. 왜냐면 그 인터뷰 안에 제 의도와 목표가 많이 담겨 있었거든요. 해명 아닌 해명이 된 거죠. 그래서 그 뒤로 좀 더 활발하게 제 개인을 많이 부각할 수 있게 됐어요.

이 인터뷰 이후로, 다른 인터뷰나 협찬 문의 등 연락도 많이 받았는데요. 그중 하나가 〈널 위한 문화예술〉이었죠. SNS를 통해 제 사이드 프로젝트를 계속 봐왔다고, 우리가 스타트업 회사로 도약하려 하는데 거기에 프로젝트 매니저로 와주면 좋겠다고 제안이 왔어요. 어떻게 보면 사이드 프로젝트를 하다가 본업의 제안이 온 케이스죠.

처음에는 취업도 막막한 1학기 대학원 학생이었는데, 사이드 프로젝트를 통해 업계에서 바로 스카웃 제안이 온 것이네요. 자연스럽게 퍼스널 브랜딩이 되면서요. 물론 다른 좋은 기회도 있었겠지만, 아직 어리기도 하고 학생이었잖아요.

맞아요. 그래서 제가 대표님께 사실 난 아직 대학원도 다니고 있고, 사이드 프로젝트도 많이 하고 있는데 괜찮겠냐고 여쭸어요. 그런데 그때 대표님이 우리는 개인 활동에 대해서 터치하지 않고, 재택근무를 한다, 대학원도 다녀도 된다고 답하셨어요. 그러니 제가 안 할 이유가 없었죠. 저는 예전에 〈널 위한 문화예술〉 채널에 나온 적이 있거든요. 그 뒤로 활동들도 계속 지켜봐왔고요. 콘텐츠를 잘 만들고, 예술을 쉽게 전달하는 채널이라 좋았어요. 그래서 바로 오케이! 입사하고 2년 정도 지나서는 COO**Chief Operating Officer** 자리를 제안받았고, 현재는 회사와 좀 더 깊숙하게 일하고 있죠.

사이드 프로젝트가 정말 좋은 기회로 이어졌네요. 이렇게 사이드 프로젝트를 해오다 지치거나 권태가 올 때는 없었나요? 그럴 땐 어떻게 극복했어요?

당연히 있어요. 사람들이 번아웃이 온다고 하잖아요. 그런데 2016년 대학원 입학 이후로 엄청 번아웃되고 이런 건 없었어요. 아직 안 온 것일 수도 있죠. 그런데 지금 되짚어보니까요. 항상 프로젝트 할 때마다 뜻이 맞는 친구들과 소통하려 했던 것 같아요.

일을 하다 보면 질투 아닌 질투가 느껴지고 그러잖아요. 그러다 보니 저도 진심으로 저를 응원해주는 친구가 너무 고마워지더라고요. 제가 조금 지친다 싶을 땐, 항상 친구들에게 연락해서 피드백을 받아요. 친구들은 늘 칭찬을 많이 해주죠. 그럼 또 용기가 나요. 그런 친구들은 꼭 옆에 있었으면 좋겠다 싶어서 평소에 더 잘하려고 노력해요. 일도 함께 많이 하고, 소소하지만 돈이 되는 일이 있으면 공유하려고 하고요. 그게 저의 원동력이기도 했으니까요.

그럼 사이드 프로젝트를 위해 꼭 본업을 그만두지 않아도 되는 거죠? 제가 볼땐 지현 님은 본업(대학원생)을 포기할 수 있는 상황에서 그걸 피하지 않고 다른 통로

를 찾은 거잖아요.

사이드 프로젝트와 본업이 병행할 때의 시너지가 있어요. 사이드 프로젝트를 할 땐 조급하면 안 되거든요. 본업을 그만두고 사이드 프로젝트만 하면 조금 조급해질 수 있어서요. 최근에 부업이란 말 대신에 사이드 프로젝트라는 말을 많이 쓰잖아요. 그건 분명 돈을 벌 수 있는 채널이라는 뜻보다, 개인의 미션과 조금 더 맞닿아 있음을 얘기하는 게 아닐까 싶어요.

제가 만약 부업을 찾는다고 하면, 자소서 첨삭 같은 게 더 돈이 될 수 있어요. 그런데 하지 않아요. 저는 어려움을 겪는 사람들에게 좋은 콘텐츠를 줘서 좋은 결정을 하는 데 도움을 주고 싶고, 예술 경영이라는 걸 꼭 대학원에서 전공하지 않아도 공부할 수 있도록 예술계에서 새로운 시도를 하고 싶은 거니까요. 그런 개인의 미션이 분명히 사이드 프로젝트에 담겨야 해요. 그래야 '프로젝트'가 아닐까요.

돈도 돈이지만, 내가 스스로 매력적인 사람으로 세상을 사는 게 참 중요하죠.

맞아요. 부업 한다고 다 멋있게 생각하진 않잖아요. 부러워할 수는 있지만요. 그런데 '사이드 프로젝트'는 멋있다는 말을 들을 수 있어요. 그게 좀 다른 것 같아요.

참 파란만장하신 것 같아요.

제가요? 저는 제가 너무 전형적이라고 생각했는데요.

무슨요. 잔다르크 형이에요. 저는 대학원을 안 다녀봤지만, 사람이 순응해야 하는 거대 시스템이잖아요. 말씀하신 것처럼 제도권 안이죠. 교수 - 박사 - 석사 - 논문 - 학내 프로젝트 이렇게요. 그런 환경에서 개성을 죽이고 살겠다는 생각을 하기 쉬운데, 이런 바깥의 사이드 프로젝트로 나를 다시 일으켰잖아요. 쉽지 않죠.

그런가요. (웃음)

마지막으로 사이드 프로젝트를 시작하고 싶지만 머뭇거리는 사람들에게 한마디 해주신다면요?

저는 그런 분들이 있다면 본인이 남들보다 못하는 것을 개발하기보다는 남들보다 조금이라도 잘하는 것에 집중했으면 좋겠어요. 조금이라도 잘하는 걸 최대한 많이, 빨리 발견하면 좋겠어요. 거기에서 분명 출발이 이루어질 거예요. 잘해야 기분이 좋고, 그래야 다음에 또 할 수 있어요. 무엇보다 일희일비하지 않고요.

EPILOGUE

사이드 프로젝트로 만든 나의 부캐, 어떤가요? 원하던 내 모습에 조금은 가닿았을까요? 본캐가 꿈꾸던 세계에 부캐로 직접 들어가보았나요? 시작도 하기 전에 끝을 두려워하지 말아요. 실패해도 괜찮다, 기억하시죠? 사이드 프로젝트는 언제나 우리의 과정에 있어요. 즐겁고 가볍게, 부담 없이, 그러나 제대로! 우리의 부족한 부분을 채우고, 과한 부분은 덜어내고, 불투명한 미래는 적극적으로 그려보는 거예요. 이 글을 읽고 마음이 조금이라도 움직였다면, 이제 몸을 움직여보세요. 책장을 덮고 사이드 프로젝트를 시작하세요. 사이드 프로젝트는 언제나 열려 있어요. 새로운 라이프 스타일이 우릴 기다리고 있답니다. 당신을 응원합니다. 당신의 부캐를 응원합니다.

2020.12월 최재원 드림

당신의 부캐로 사이드 프로젝트에

접속하시겠습니까?

CONTINUE?

YES

NO

Editor's letter

부캐의 시대가 왔다고들 하는데, 어떻게 내 안에 숨죽이고 있던 '부캐 후보'들을 끄집어낼지 막막한 분들에게 용기와 지침을 주는 책이 되기를 바라며 만들었습니다. 우리 함께, 어디 한번, 무엇이든, 시작해볼까요? **민**

작가님을 처음 만났던 때(『작은 여행 다녀오겠습니다』 작업 시기)는 직장을 다니면서 부캐로 시작했던 '에어비앤비 슈퍼호스트'가 본업이 된 지 얼마 지나지 않은 때였어요. 그러던 어느 날 '라이프쉐어'라는 이벤트를 "일단 한번 해보려고요" 하시더니, 지금은 '라이프쉐어' 대표가 본캐가 되어버린 상황입니다. 사이드 프로젝트가 어떤 변화를 가져오는지, 자신의 삶으로 보여주는 분이지요. 최재원 작가님과 자방이 함께한 첫 책은 2관 여행관에, 이 책은 7관 일관에 자리하는데요. 세 번째 책을 함께한다면 어디에 자리 잡으실지 가늠조차 되지 않습니다. 작가님, 다음은 어디인가요? **희**

지금, 바로 사이드 프로젝트의 주인공이 되세요! **현**

이 책을 통해 '사이드 프로젝트'라는 단어를 처음 접해서 그렇지, 생각해보면 저는 언제나 사이드 프로젝트에 관심이 많았더라고요. 아이디어는 많은데, 실현이 안 됐을 뿐. 펼치는 건 많은데, 수습이 안 됐을 뿐(또르르). 이제는 당당한 '사이드 프로젝터'로서, 제대로 한번 딴짓해보겠습니다.
부디 자기만의 방에는 비밀로 해주세요. **령**

나의 첫 사이드 프로젝트

1판 1쇄 발행일 2020년 12월 8일
1판 4쇄 발행일 2023년 8월 14일

지은이 최재원
그린이 김현주
발행인 김학원
발행처 (주)휴머니스트출판그룹
출판등록 제313-2007-000007호(2007년 1월 5일)
주소 (03991) 서울시 마포구 동교로23길 76(연남동)
전화 02-335-4422 **팩스** 02-334-3427
저자 · 독자 서비스 humanist@humanistbooks.com
홈페이지 www.humanistbooks.com
시리즈 홈페이지 blog.naver.com/jabang2017
디자인 스튜디오 고민 **용지** 화인페이퍼 **인쇄** 삼조인쇄 **제본** 해피문화사

자기만의 방은 (주)휴머니스트출판그룹의 지식실용 브랜드입니다.

ISBN 979-11-6080-521-5 (13320)

이 도서의 국립중앙도서관 출판예정도서목록(CIP)은 서지정보유통지원시스템 홈페이지 (http://seoji.nl.go.kr)와 국가자료공동목록시스템(http://www.nl.go.kr/kolisnet)에서 이용하실 수 있습니다. (CIP제어번호: CIP2020049914)

RUN
RUN
RUN
RUN
RUN
RUN
RUN
RUN

RUN
RUN
RUN
RUN
RUN
RUN
RUN
RUN